产业组织与企业组织研究中心
（教育部人文社会科学重点研究基地）
中国工业经济学会

产业组织评论
Industrial Organization Review

第9卷　第4辑　（总第24辑）　2015年12月
Vol. 9 No. 4　(Gen. 24)　Dec.　2015

肖兴志　主编

中国社会科学出版社

图书在版编目（CIP）数据

产业组织评论 . 2015 年 . 第 4 辑：总第 24 辑/肖兴志主编 . —北京：
中国社会科学出版社，2015. 12
ISBN 978 - 7 - 5161 - 7825 - 6

Ⅰ. ①产…　Ⅱ. ①肖…　Ⅲ. ①产业组织—研究　Ⅳ. ①F062. 9

中国版本图书馆 CIP 数据核字（2016）第 057570 号

出 版 人	赵剑英
责任编辑	卢小生
责任校对	周晓东
责任印制	王　超

出　　版	中国社会科学出版社
社　　址	北京鼓楼西大街甲 158 号
邮　　编	100720
网　　址	http：//www. csspw. cn
发 行 部	010 - 84083685
门 市 部	010 - 84029450
经　　销	新华书店及其他书店

印　　刷	北京君升印刷有限公司
装　　订	廊坊市广阳区广增装订厂
版　　次	2015 年 12 月第 1 版
印　　次	2015 年 12 月第 1 次印刷

开　　本	787×1092　1/16
印　　张	8. 25
插　　页	2
字　　数	171 千字
定　　价	40. 00 元

目 录

CONTENTS

[论　文]

多样化购买、广告策略和厂商定价竞争

杨万中　蒋传海

摘　要　在一些行业中，消费者追求多样化购买，厂商为了吸引更多的消费者购买其产品，对产品进行广告宣传。本文主要建立分析模型，研究消费者寻求多样化购买对竞争性厂商广告选择和定价行为的影响，分别研究竞争性厂商静态竞争和动态竞争下广告及定价策略选择等问题。无论厂商是静态竞争还是动态竞争，在均衡时，厂商不仅采取纯策略广告强度策略，而且也采取纯策略定价策略。消费者滞留成本的存在缓和了厂商之间的价格竞争。相对于静态竞争来说，在动态竞争中，无论是广告强度竞争还是价格竞争都得到了缓和。因此，厂商也获得了更大的均衡利润，但消费者的福利和社会总福利却损失较大。

关键词　多样化购买　滞留成本　广告强度　价格竞争

一　引　言

在许多市场上，消费者对厂商的产品具有不完全信息。当消费者不知道某个产品的存在，或者即使知道某个品牌产品，但由于不了解产品的性能，可能就不会去购买这个产品。因此，厂商为了吸引更多的消费者购买其产品，就需要对消费者宣传其产品，即通过广告使消费者了解其产品，从而提高销售量。由于对产品进行广告宣传往往需要耗费大量成本，所以，厂商在广告决策时就面临两难选择。特别是在寡头竞争市场上，每个厂商的广告选择对其他厂商都有较大影响，那么厂商如何进行广告选择，情况就比较复杂。另

[基金项目] 国家自然科学基金项目（71172139）、江苏省教育厅哲学社会科学研究指导项目（2012SJD790019）和常州工学院校级科研基金项目（YN1125）。

[作者简介] 杨万中，博士，常州工学院经济与管理学院副教授，研究方向为博弈论、产业组织理论与信息经济学；蒋传海，上海财经大学国际工商管理学院教授、博士生导师，研究方向为博弈论、产业组织理论与信息经济学。

外，厂商之间不仅进行广告竞争，还要进行产品定价竞争。厂商在决策过程中有多种选择，可以在确定广告量大小的同时标明产品价格（本文称为静态竞争），也可以首先选择广告水平，然后在其他厂商了解其广告水平的情况下确定其产品价格（本文称为动态竞争）。不同的广告与定价竞争体制对厂商的决策会产生什么影响以及对消费者的福利有什么影响，需要仔细研究。

　　除了不同的竞争体制对寡头厂商的决策产生影响外，消费者的偏好特征也影响厂商的选择。在一些行业中，消费者具有寻求多样化购买倾向，如航空业、旅游业和餐饮业等，其他一些快速消费品行业，如饮料、食品等也存在类似情况。在此类情况下，消费者重复购买同一种产品会产生一些效用损失，这种损失也可以看成消费者重复购买付出的代价，称为滞留成本（staying costs）（Seetharaman and Che，2009）。滞留成本的存在不仅会影响消费者的购买决策，也会对寡头竞争市场结构下的厂商定价策略产生影响，从而对厂商的广告选择具有影响。那么消费者寻求多样化购买倾向如何影响寡头厂商的广告和价格竞争、如何影响消费者福利及社会总福利等，这些问题值得进行深入研究。本文通过建立模型，对这些问题进行研究。其主要考察两种形式的厂商策略选择：

　　（1）厂商确定广告水平并同时承诺其产品价格。这种策略目前在很多市场上都可以看到，如在餐饮业中，许多酒店在广告宣传上不仅介绍其产品的特色，也同时提供标有价格的菜单。

　　（2）寡头厂商进行序贯竞争，厂商首先进行广告竞争，然后在看到每个厂商广告水平的情况下进行价格竞争。这种策略我们也经常可以看到，如许多电子产品在电视上进行大量的广告宣传，但并没有标明产品价格。本文重点研究消费者具有寻求多样化购买倾向对厂商在不同竞争体制下的广告选择及定价决策具有怎样的影响。本文还对两种竞争体制下的社会福利进行分析和比较。这些研究结果对厂商营销战略和公共政策选择具有重要的含义。

　　本文的研究与一些研究厂商广告选择对产品定价策略影响的文献密切相关。在一篇具有重要影响的论文中，Butter（1977）建立了模型，研究在一个竞争性零售市场环境下零售商之间的广告和价格竞争。消费者的信息结构不是外生给定的，而是由零售商的广告选择内生确定。通过研究发现，在均衡时，产品价格具有分散的特征，均衡的广告水平是有效的。Stahl（1994）把 Butter（1977）的模型拓展到具有任意数量的买者和卖者，并且消费者的需求函数和厂商的广告成本函数具有一般形式的情形。研究发现，厂商之间的博弈存在唯一的均衡。在均衡时，所有厂商都选择同样的广告水平，而定价则采取混合策略。当广告成本越小时，厂商的定价就越接近边际成本定价；反之，当广告成本越大时，厂商的定价就越接近垄断定价。尽管随着厂商数量的增多，均衡的广告水平和产品价格更低，但广告水平却低于社会最优的广告水平。Roy（1998）研究在消费者具有搜寻成本的情况下厂商通过信息性广告来告知消费者产品的情况。结果表明,广告选择导致厂商的定价具有分散的性质。Baye 和 Morgan(2009)分析了厂商进行劝说性广告对消费者品牌忠诚度的影响。他们发现,广告与产品定价之间具有交叉效应,即使当厂商的数量非常多时,均衡的价格分散现象仍然存在。Chioveanu(2007)研究了在寡头竞争市场结构中,先于价格竞争,厂商投资劝说性广告诱使消费者对其品牌忠诚对市场竞争的影响。通过对模型的求解发现,尽管厂商面对的情况事前是对称的,但均衡的广告选择策略组合却是非对称的。Haan 和 Moraga - Gonzalez(2011)研究了厂商广告对消费者搜寻的影响,他们的研究表明,随着消费者搜寻成本的增加及均衡广告水平的提高,厂商的利润和消费者福利却在减少。

本文的研究也与一些研究消费者寻求多样化购买行为的文献紧密相关。有一些学者(Brickman and D'Amato,1975;Raju,1980;Coombs and Avrunin,1977;Zuckerman,1979)在研究消费者的性格影响厂商销售的文献中,通过心理学研究与实验研究的方法,识别出诱使消费者寻求多样化购买倾向的一些重要因素。另外,一些学者(Givon,1984;Kahn,Kalwani and Morrison,1986;Seetharaman,2004)主要使用统计计量模型研究一些消费者的社会统计特征(如收入、年龄、教育程度等)对于多样化购买行为的影响程度。在前人研究的基础上,通过对现有的结论进行归纳和总结,McAlister(1982)认为,商品是由不同属性组成的,消费者体验一些产品属性后会产生一定的厌烦感,在继续购买产品时,希望消费提供其他属性的产品,因此,消费者重复购买会产生一定的效用损失(滞留成本),从而追求多样化购买,这样,就要对消费者寻求多样化购买进行进一步的理论解释。在基于消费者寻求多样化购买理论解释的基础上,Seetharaman 和 Che(2009)首先引入价格竞争理论,研究滞留成本对厂商定价竞争的影响,发现滞留成本会弱化厂商每一期的价格竞争,厂商达成"默契合谋",获得更多的利润。杨渭文和蒋传海(2008)、蒋传海和唐丁祥(2012)则在上述文献基础上引入基于消费者购买历史的歧视性定价策略,发现每个厂商将对重复购买的消费者提供价格优惠,而对新顾客则索取高价。Sajeesh 和 Raju(2010)研究在市场上消费者喜欢多样化购买时双寡头厂商的竞争性定位与定价策略。他们的研究表明,消费者喜欢多样化购买减少了均衡产品差异。进一步研究发现,在市场中观察到消费者转移购买的人数并没有真正反映消费者人群中潜在的多样化购买趋势。Zeithammer 和 Thomadsen(2013)研究消费者寻求多样化购买对厂商产品质量选择和定价决策的影响,他们发现,消费者滞留成本的存在不一定会缓和厂商之间的价格竞争。当厂商能够选择的质量范围较小时,消费者寻求多样化购买确实可以缓和厂商的价格竞争,导致更高的厂商利润;但是,当不同的厂商产品质量外生给定且差距较大时,则消费者寻求多样化购买反而会强化厂商的价格竞争,因此厂商获得更少的利润。Adomavicius 等

（2015）通过实验研究数字商品捆绑对消费者寻求多样化购买行为的影响。研究结果表明，数字商品捆绑和一般商品捆绑对消费者寻求多样化购买行为的影响差异较大，同一般商品捆绑效应相比，对数字商品捆绑对消费者寻求多样化购买行为的影响较小。

尽管有许多学者在不同的环境下研究厂商的广告竞争对产品定价决策的影响，也有一些学者研究消费者喜欢多样化购买对厂商定价决策的影响，但是，他们都仅从某一个方面研究厂商的决策问题。本文把消费者寻求多样化购买与厂商广告选择结合起来，研究厂商的价格决策对厂商利润、消费者福利的影响以及对政策选择的含义。文章所得结论与现有研究文献中的结论有显著的差异，对厂商的决策及相关政策制定具有一定的指导意义。

本文的内容安排如下：第一部分是引言，介绍研究背景、意义及相关文献综述；第二部分建立基本模型，并详细描述消费者的效用函数，这是本文分析问题的基础；第三部分在基于厂商同时选择广告和定价策略下，分析消费者滞留成本的存在对厂商广告选择和价格竞争均衡的影响，并阐释均衡定价的经济含义；第四部分描述厂商在序贯选择的情况下厂商竞争的均衡结果，并对两种定价策略下的社会福利进行分析和比较；第五部分是结语，对本文的重要研究结果进行总结，并揭示这些研究结论对厂商营销战略和公共政策选择的含义。

二　基本模型

本文基于消费者寻求多样化购买行为，分别建立静态和动态博弈模型，研究寡头厂商的广告强度选择及定价竞争。

假设在一个市场上有两个厂商 A 和 B 生产同质产品①，每种产品的生产都不存在固定成本，有一个常数边际成本，不失一般性，设为 0。每个厂商为了提高销售量，在销售产品前都会对产品进行广告宣传。广告宣传使厂商增加成本，其大小与广告强度相关。对厂商 j，如果广告使用比例为 φ_j（在本文的下文称 φ_j 为厂商的广告强度）消费者了解其产品，就要遭遇成本为 $c(\varphi_j)$，按照许多文献通常对厂商广告成本函数形式的假设，在这里，假设

---

①　这里假设两个厂商的产品对消费者是完全同质，是从事前的角度给予说明的，即消费者在购买之前对两个厂商的产品具有相同的效用评价，但消费者一旦购买一个厂商一单位产品，当决定购买第二个产品时，若重复购买相同品牌的产品，由于饱和效应等因素会对第二个产品效用评价较低，这种效用损失本文称为滞留成本。如果消费者不重复购买而转向另一品牌产品，就不会有这样的效用损失，所以，消费者在购买一个厂商一个产品之后决定购买第二个产品时，就对两个厂商产品的效用评价不同，这时两个厂商的产品对消费者来说就不是同质的。

$1 : c(\varphi_j) = \frac{1}{2}k\varphi_j^2$，$k > 0$ 为常数①，$j \in \{A，B\}$。本文称 k 为广告成本系数，它的大小直接影响厂商广告成本的多少。厂商可以有两种选择方式：（1）两个厂商同时确定广告强度并向消费者承诺其产品价格；（2）两个厂商首先确定广告强度，然后在看到其他厂商广告强度的情况下对产品进行定价及价格竞争。

有一群具有连续统的消费者，其总量标准化为 1。每个消费者在购买产品前对每个厂商单位产品的效用评价为 v，假设 v 充分大。② 为了满足某种消费需要，每个消费者需要购买多个产品，在这里，假设每个消费者至多购买两个产品。③ 消费者对产品的偏好具有如下一些重要特征：（1）追求新奇、变化和多样性。这样，当消费者购买相同厂商的产品时就会由于饱和效应而导致一定的效用损失。如果消费者购买不同厂商的产品，由于经受不同的消费体验，就没有相应的效用损失。相对于购买不同厂商的产品，消费者重复购买同一个厂商的产品会产生一定的成本，这个成本称为滞留成本。由于不同的消费者追求新奇的程度存在差异，因而具有不同的滞留成本。（2）消费者在购买前不知道有哪些厂商在提供产品，当看到某厂商的广告之后就了解其产品。如果消费者没有看到任何厂商的广告，那么消费者要了解哪些厂商的产品可供选择，就要进行搜寻，假设消费者的搜寻成本充分大，因此就不会去搜寻，因而这些消费者就不会购买这两个厂商的产品。④

在基于消费者寻求多样化购买的厂商竞争博弈模型中，当两个厂商同时进行广告竞争和价格竞争时，它们就是在进行一期静态博弈。消费者寻求多样化购买，并且具有不同的滞留成本 s（Seetharaman and Che，2009；蒋传海和唐丁祥等，2012），假设 s 服从 $[0，\theta]$ 上的均匀分布，即密度函数 $f(s) = 1/\theta$，累积概率分布 $F(s) = s/\theta$，θ 在这里实际上表示消费者寻求多样化购买的程度，本文称为滞留成本效应。厂商在确定广告强度的同时对其产品定价，假设厂商 j（$j \in \{A，B\}$）对其产品定价为 p_j。具有理性预期的消费者是否在收到两个厂商还是一个厂商广告以及看到哪一个厂商广告的条件下，根据厂商的定价做出购买决策。

如果两个厂商不是同时确定广告强度和产品价格，而是两个厂商首先确

① 如果假设 $c(\varphi_j)$ 为一般的单调递增凸函数，会给模型分析带来很大的复杂性，但定性的结论却不会有明显的不同，所以，本文假设广告成本是一个二次函数，这样，就能够对模型进行求解，也能更深入地分析厂商和消费者的行为。

② 假设 v 充分大时，在均衡中看到广告的消费者一定会购买某些厂商的产品，厂商间的竞争真实地进行。

③ 在现实中，消费者对某些产品经常重复购买，例如，消费者经常到同一个饭店就餐，经常需要购买相同的学习和生活用品。在这里，假设消费者只购买两个产品，一方面简化分析，另一方面也并不与购买多个产品的结论有实质性的差别。

④ 本文在局部均衡框架下分析厂商和消费者行为，因而在所研究的市场中消费者支出占他们所有的支出比例很小，如果搜寻成本较大，消费者就不去搜寻，而转向其他消费活动。

定广告强度，然后在看到其他厂商广告选择的情况下制定产品价格，这时厂商之间进行动态博弈，第一期进行广告竞争。在模型的第二期，消费者的滞留成本 s 仍然服从 $[0, \theta]$ 上的均匀分布，两个厂商同时确定产品价格。具有理性预期的消费者仍然是在是否看到两个厂商还是一个厂商广告以及看到哪一个厂商广告的条件下根据厂商的定价做出购买决策。

为了深入分析厂商的选择对消费者购买行为的影响，我们对上述厂商两种选择情况下的博弈模型分别进行分析，求解厂商广告和定价策略选择问题。

本文的分析从描述消费者的效用函数开始。

当厂商 A 和 B 对其产品定价为 p_A 和 p_B。对一个消费者来说，若其看到厂商 j（$j \in \{A, B\}$）的广告且滞留成本为 $s \in [0, \theta]$，则其重复购买厂商 j 的产品所获得的效用为 $U_j^i(s) = v - s - 2p_j$（这里及后文中，U_j^i 表示消费者从厂商 i 购买一个产品又从厂商 j 购买一个产品所获得的效用）；若其收到两个厂商的广告并且分别购买两个厂商的产品所获得的效用为 $U_B^A(s) = v - p_A - p_B$。消费者在看到厂商广告的情况下选择能使其效用最大化的产品。

在厂商进行静态和动态竞争分析中，关于消费者效用函数也适用。

相对于消费者的滞留成本，一般厂商对产品进行广告，费用较大，所以作如下假设：

假设 2：$k \geq \theta$。

三　厂商同时进行广告及价格竞争的均衡结果分析

这一部分主要描述厂商同时确定广告强度与制定产品价格竞争的均衡结果。我们求解博弈的纳什均衡解，并分析均衡本身具有的重要经济学含义。

假设厂商 j（$j \in \{A, B\}$）的广告选择为 φ_j，向消费者承诺的产品定价为 p_j。

下面分析消费者对厂商 A 产品的需求。

购买厂商 A 产品的消费者有两种类型：

（1）消费者只看到厂商 A 的广告，那么他们就仅能购买厂商 A 的产品，当购买厂商 A 两个产品时，若消费者滞留成本为 s，则其获得的效用为 $U_A^A(s) = v - s - 2p_A$。由于 v 充分大，所以 $U_A^A(s) \geq 0$，因此，这类消费者会重复购买厂商 A 的产品。这样的消费者人数为 $\varphi_A(1 - \varphi_B)$。

（2）消费者看到两个厂商的广告，这样的消费者人数为 $\varphi_A \varphi_B$。对于这类消费者，若其滞留成本为 s，如果购买厂商 A 两个产品所获得的效用为 $U_A^A(s) = v - s - 2p_A$；分别从两个厂商购买产品所获得的效用为 $U_B^A(s) = v - p_A - p_B$；购买厂商 B 两个产品所获得的效用为 $U_B^B(s) = v - s - 2p_B$。当 $U_B^A(s) \geq \max\{U_A^A(s); U_B^B(s)\}$ 时，$s \geq \max\{p_A - p_B; p_B - p_A\}$。

首先，考虑在 $p_A \leqslant p_B$ 时厂商的需求情况。当 $s \geqslant p_B - p_A$ 时，这个消费者就会分别从两个厂商购买产品。这类消费者的人数为 $\varphi_A \varphi_B P(s \geqslant p_B - p_A) = \varphi_A \varphi_B (1 - \frac{p_B - p_A}{\theta})$。当 $U_A^A(s) \geqslant \max\{U_B^A(s); U_B^B(s)\}$ 时，即 $s \leqslant p_B - p_A$ 时，这个消费者会同时购买厂商 A 两个产品。这类消费者的数量为 $\varphi_A \varphi_B P(s \leqslant p_B - p_A) = \varphi_A \varphi_B \frac{p_B - p_A}{\theta}$①。在这种情况下，这类消费者不会同时购买厂商 B 两个产品。

记 d_j^1 为仅购买厂商 j 一个产品的消费者人数，d_j^2 为同时购买厂商 j 两个产品的消费者人数，则有：

$$d_A^1 = \varphi_A \varphi_B (1 - \frac{p_B - p_A}{\theta}), \quad d_A^2 = \varphi_A(1 - \varphi_B) + \varphi_A \varphi_B \times \frac{p_B - p_A}{\theta}$$

厂商 A 销售的产品总数量为：$d_A = d_A^1 + 2d_A^2 = 2\varphi_A - \varphi_A \varphi_B + \varphi_A \varphi_B \times \frac{p_B - p_A}{\theta}$。

类似的，可得：$d_B^1 = \varphi_A \varphi_B (1 - \frac{p_B - p_A}{\theta})$；$d_B^2 = \varphi_B(1 - \varphi_A)$。

厂商 B 销售的产品总数量为：$d_B = d_B^1 + 2d_B^2 = 2\varphi_B - \varphi_A \varphi_B - \varphi_A \varphi_B \times \frac{p_B - p_A}{\theta}$。

当 $p_A \leqslant p_B$ 时，根据以上所求的两个厂商的需求，可以得到厂商 A 和厂商 B 第二期的利润函数分别为：

$$\pi_A = p_A d_A^1 + 2p_A d_A^2 - c(\varphi_A) = p_A \varphi_A (2 - \varphi_B + \varphi_B \times \frac{p_B - p_A}{\theta}) - \frac{k}{2}\varphi_A^2 \tag{1}$$

$$\pi_B = p_B d_B^1 + 2p_B d_B^2 - c(\varphi_B) = p_B \varphi_B (2 - \varphi_A - \varphi_A \times \frac{p_B - p_A}{\theta}) - \frac{k}{2}\varphi_B^2 \tag{2}$$

当 $p_A > p_B$ 时，类似上面的讨论可得厂商 A 和厂商 B 的利润函数仍然和式（1）、式（2）相同。由此可知，在每个厂商对其对手的策略进行最优反应的情况下，当两个厂商对产品的定价为 p_A 和 p_B 时，无论是 $p_A \leqslant p_B$ 还是 $p_A > p_B$，两个厂商的利润函数都由式（1）和式（2）决定。

厂商 j 分别选择定价 p_j 最大化自己的利润，因此一阶最优化条件为：

$$\frac{\partial \pi_A}{\partial p_A} = 2\varphi_A - \varphi_A \varphi_B + \varphi_A \varphi_B \times \frac{p_B - 2p_A}{\theta} = 0$$

$$\frac{\partial \pi_A}{\partial \varphi_A} = (2 - \varphi_B + \varphi_B \times \frac{p_B - p_A}{\theta})p_A - k\varphi_A = 0 \tag{3}$$

$$\frac{\partial \pi_B}{\partial p_B} = 2\varphi_B - \varphi_A \varphi_B - \varphi_A \varphi_B \times \frac{2p_B - p_A}{\theta} = 0$$

---

① 由于消费者的滞留成本 s 是连续的，$P(s = p_B - p_A) = 0$，对 $s = p_B - p_A$ 厂商的需求量为 0，不必予以考虑。

$$\frac{\partial \pi_B}{\partial \varphi_B} = (2 - \varphi_A - \varphi_A \times \frac{p_B - p_A}{\theta}) p_B - k\varphi_B = 0 \tag{4}$$

由于两个厂商在竞争中处于对称的地位，所以，本文寻求对称均衡。通过求解上述联立方程组，可得对称的均衡解为：

$$\varphi_A = \varphi_B = \frac{2}{1 + \sqrt{\frac{k}{\theta}}}; \quad p_A = p_B = \sqrt{k\theta} \tag{5}$$

而且很容易检验最优化的二阶条件也满足。因此可以得到：

命题 1　寡头市场存在唯一的对称纳什均衡 $\varphi_A = \varphi_B = \dfrac{2}{1 + \sqrt{\dfrac{k}{\theta}}}$；$p_A = p_B =$

$\sqrt{k\theta}$。在均衡中，每个厂商对于产品的定价高于边际成本。两个厂商的利润分别为 $\pi_A = \pi_B = \dfrac{2k\theta}{(\sqrt{k} + \sqrt{\theta})^2}$。

命题 1 具有如下一些十分重要的经济学含义：

第一，厂商的均衡广告强度随着滞留成本效应 θ 的增加而提高，这是符合经济学直觉的。因为当消费者寻求多样化程度强烈时，厂商通过加强广告宣传就有更多的消费者了解该厂商。其中，有些消费者看到两家厂商的广告，当这些消费者寻求多样化购买倾向较强时，厂商通过强化广告可以使其中较多的消费者购买其产品，厂商在竞争中就会更有利。另外，当厂商的广告成本越大时，厂商广告竞争就减弱。这是一个显然的结论。

第二，均衡时，厂商对产品的定价随着滞留成本效应 θ 的增加而提高，这一点看上去与直觉不相一致，因为当滞留成本效应 θ 增加时，就会有更多的消费者转移购买，通常厂商要留住这部分顾客，就需要对产品定价较低。虽然如此，这个结论仍然可以用经济理论给予合理的解释。在寡头竞争市场环境下，由于消费者寻求多样化购买，导致其重复消费会产生效用损失。当消费者的滞留成本比较大时，一个厂商即使对产品定价较低，对那些滞留成本较大的消费者仍然不会重复购买而会转移购买，这样，竞争对手就会激励其提高产品价格，这反过来又促使该厂商不愿意低价销售产品。厂商对提高产品价格的激励，随着消费者寻求多样化购买程度的增大而增加，这导致均衡时厂商对消费者的要价随着滞留成本效应 θ 的增加而提高。可见，消费者寻求多样化购买缓和了厂商之间的价格竞争，导致潜在的"默契合谋"。

第三，广告成本系数增大弱化了厂商之间的价格竞争，这一点与直觉是一致的。当厂商的广告成本系数较大时，厂商对进行强度较大的广告宣传缺乏激励，从而使较少的消费者看到该厂商的广告。特别地，同时看到两个厂商广告的消费者人数就更少，厂商就缺乏通过低价争夺这些消费者的激励。对那些只看到一个厂商广告的消费者要价较高，由于这些消费者缺乏其他厂商产品的信息，他们不会转移购买。因此，广告成本系数增大，厂商"默契合谋"的可能性增强。

本文的结论和许多现有文献的研究结论有显著的差异，在许多分析广告选择对厂商价格竞争影响的文献中，厂商定价博弈不存在纯策略均衡，只有混合策略均衡，而本文中厂商定价均衡却是纯策略均衡。这里的差别可以给予恰当的解释。尽管本文研究的模型表明，在事前厂商处于对称的位置，在购买前消费者视所有厂商的产品为同质的，但一旦消费者购买了第一个产品，那么由于滞留成本的存在，消费者更偏好其他厂商的产品，这时不同厂商的产品对消费者是有差异的。另外，由于消费者的滞留成本有差异，均匀分布在连续统区间，因此，厂商变动产品价格不会使需求量发生较大的变化，即厂商面对的消费者需求函数是连续的，这些原因导致厂商的定价反应不会随着对手定价小的变化而出现较大的跳跃，因而定价均衡是纯策略均衡。

根据厂商竞争均衡，很容易得到对每个厂商重复购买的消费者人数为 $d_A^2 = d_B^2 = \dfrac{2(\sqrt{k\theta} - \theta)}{(\sqrt{k} + \sqrt{\theta})^2}$，只购买一个厂商消费者的人数为 $d_A^1 = d_B^1 = \dfrac{4\theta}{(\sqrt{k} + \sqrt{\theta})^2}$。由此可得消费者总福利为：

$$CS^s = \frac{2}{(\sqrt{k} + \sqrt{\theta})^2}[4\sqrt{k\theta}(v - \sqrt{k\theta}) - \theta(\sqrt{k\theta} - \theta)] \tag{6}$$

社会总福利为：

$$W^s = \pi_A + \pi_B + CS = \frac{2}{(\sqrt{k} + \sqrt{\theta})^2}[4\sqrt{k\theta}v - 2k\theta - \theta(\sqrt{k\theta} - \theta)] \tag{7}$$

四　厂商进行动态竞争的均衡结果分析

这一部分讨论厂商进行动态竞争的情形。厂商在第一期确定广告强度，在第二期，每个厂商都看到其他厂商的广告强度，然后进行价格竞争。根据逆向归纳法，我们首先要分析第二期两个厂商定价竞争的均衡价格。为方便分析，假设厂商 A、B 在第一期竞争选择的广告强度分别为 φ_A 和 φ_B。

（一）第二期的厂商定价均衡分析

假设厂商 j（$j \in \{A, B\}$）在第二期对产品的定价为 p_j。

下面分析消费者对厂商 A 产品的需求。

购买厂商 A 产品的消费者有两种类型：（1）消费者只看到厂商 A 的广告，那么他们就只会购买厂商 A 的两个产品，这样的消费者人数为 $\varphi_A(1 - \varphi_B)$。（2）消费者看到两个厂商的广告，这样的消费者人数为 $\varphi_A\varphi_B$。

记 d_j^1 为仅购买厂商 j 一个产品的消费者人数，d_j^2 为同时购买厂商 j 两个产品的消费者人数。如果 $p_A \leqslant p_B$ ，类似于在本文第三部分对厂商静态博弈的分析，可以求得：

$$d_A^1 = \varphi_A \varphi_B \left(1 - \frac{p_B - p_A}{\theta}\right) \quad d_A^2 = \varphi_A (1 - \varphi_B) + \varphi_A \varphi_B \times \frac{p_B - p_A}{\theta}$$

$$d_B^1 = \varphi_A \varphi_B \left(1 - \frac{p_B - p_A}{\theta}\right) \quad d_B^2 = \varphi_B (1 - \varphi_A)$$

厂商 A 销售的产品总数量为： $d_A = d_A^1 + 2d_A^2 = 2\varphi_A - \varphi_A \varphi_B + \varphi_A \varphi_B \times \frac{p_B - p_A}{\theta}$ 。

厂商 B 销售的产品总数量为： $d_B = d_B^1 + 2d_B^2 = 2\varphi_B - \varphi_A \varphi_B - \varphi_A \varphi_B \times \frac{p_B - p_A}{\theta}$ 。

根据以上所求消费者对两个厂商产品的需求，可以得到厂商 A 和厂商 B 第二期的利润函数分别为：

$$\pi_A = p_A d_A^1 + 2p_A d_A^2 - c(\varphi_A) = p_A \varphi_A \left(2 - \varphi_B + \varphi_B \times \frac{p_B - p_A}{\theta}\right) - \frac{k}{2} \varphi_A^2 \tag{8}$$

$$\pi_B = p_B d_B^1 + 2p_B d_B^2 - c(\varphi_B) = p_B \varphi_B \left(2 - \varphi_A - \varphi_A \times \frac{p_B - p_A}{\theta}\right) - \frac{k}{2} \varphi_B^2 \tag{9}$$

厂商 j 分别选择定价 p_j 最大化自己的利润，因此一阶最优化条件为：

$$\frac{\partial \pi_A}{\partial p_A} = 2\varphi_A - \varphi_A \varphi_B + \varphi_A \varphi_B \times \frac{p_B - 2p_A}{\theta} = 0$$

$$\frac{\partial \pi_B}{\partial p_B} = 2\varphi_B - \varphi_A \varphi_B - \varphi_A \varphi_B \times \frac{2p_B - p_A}{\theta} = 0 \tag{10}$$

通过求解上述联立方程组，可得厂商第二期对产品的定价分别为：

$$p_A = \frac{4\theta}{3\varphi_B} + \frac{2\theta}{3\varphi_A} - \theta \quad p_B = \frac{2\theta}{3\varphi_B} + \frac{4\theta}{3\varphi_A} - \theta \tag{11}$$

从式（11）可看出，只要 $\varphi_A \leqslant \varphi_B$ ，就有 $p_A \leqslant p_B$ 。因此可以知道，当第一期两个厂商的广告强度满足 $\varphi_A \leqslant \varphi_B$ 时，两个厂商的利润函数分别为：

$$\pi_A = \varphi_A \varphi_B \theta \left(\frac{4}{3\varphi_B} + \frac{2}{3\varphi_A} - 1\right)^2 - \frac{k}{2} \varphi_A^2 ; \quad \pi_B = \varphi_A \varphi_B \theta \left(\frac{4}{3\varphi_A} + \frac{2}{3\varphi_B} - 1\right)^2 - \frac{k}{2} \varphi_B^2$$

$$\tag{12}$$

如果 $\varphi_A > \varphi_B$ ，类似上面的讨论，可得厂商 A 和厂商 B 的第二期对产品的定价仍然由式（11）确定，两个厂商的利润函数由式（12）确定。因此，无论两个厂商在第一期如何选择广告强度，厂商的利润函数都由式（12）确定。由此有：

命题2 在厂商动态竞争情形下，第二期定价博弈存在由式（11）给出唯一的纳什均衡解。相应的，厂商 A、B 在第二期的均衡利润分别为：

$$\pi_A = \varphi_A \varphi_B \theta \left(\frac{4}{3\varphi_B} + \frac{2}{3\varphi_A} - 1\right)^2 - \frac{k}{2} \varphi_A^2 \quad \pi_B = \varphi_A \varphi_B \theta \left(\frac{4}{3\varphi_A} + \frac{2}{3\varphi_B} - 1\right)^2 - \frac{k}{2} \varphi_B^2$$

从式（11）可以看到，第一、第二期的均衡价格与第一期的厂商广告强度有关，具有较小广告强度的厂商，对产品定价较低。当一个厂商广告强度较低时，就只有较少的消费者了解其产品存在，他在竞争中处于不利地位，为了获得更多的需求，相对于竞争对手来说，这个厂商只能对消费者索要低价。第二，每个厂商对产品定价随着竞争对手的广告强度的增加而降低，这与直觉相一致。竞争对手广告强度越大，就有更多的消费者了解竞争对手的产品，厂商为了获取更多的销售量，只有降低价格。另外，每个厂商对产品定价随着自己的广告强度的增加而降低，这虽然与直觉不相一致，但仍然可以给予合理的解释。当一个厂商进行更多的广告宣传时，就会有更多的消费者了解其产品，特别是在看到两个厂商广告的人数越多时，厂商为了使这类消费者更多地购买其产品就有索取低价的激励，因而其广告强度越大，对产品定价越低。第三，两个厂商对产品的定价随着消费者的滞留成本效应 θ 的增加而提高，两个厂商的利润也随着 θ 的增加而增大。消费者寻求多样化购买的倾向越大时，对厂商产品价格越不敏感，这缓和了厂商之间的价格竞争，提高了均衡产品价格，也增加了厂商的利润，但损害了消费者的利益。

（二）第一期均衡广告强度

令 φ_j 表示每个厂商第一期确定的广告强度（$j = A$、B）。此时厂商利润由式（12）表示，即 $\pi_A = \varphi_A \varphi_B \theta \left(\dfrac{4}{3\varphi_B} + \dfrac{2}{3\varphi_A} - 1 \right)^2 - \dfrac{k}{2} \varphi_A^2$；$\pi_B = \varphi_A \varphi_B \theta \left(\dfrac{4}{3\varphi_A} + \dfrac{2}{3\varphi_B} - 1 \right)^2 - \dfrac{k}{2} \varphi_B^2$。

厂商 j 分别选择广告强度 φ_j 最大化自己的利润，因此一阶最优化条件为：

$$\frac{\partial \pi_A}{\partial \varphi_A} = \theta \varphi_B \left(\frac{4}{3\varphi_B} + \frac{2}{3\varphi_A} - 1 \right) \left(\frac{4}{3\varphi_B} - \frac{2}{3\varphi_A} - 1 \right) - k\varphi_A = 0$$

$$\frac{\partial \pi_A}{\partial \varphi_A} = \theta \varphi_A \left(\frac{4}{3\varphi_A} + \frac{2}{3\varphi_B} - 1 \right) \left(\frac{4}{3\varphi_A} - \frac{2}{3\varphi_B} - 1 \right) - k\varphi_B = 0 \tag{13}$$

通过求解上述联立方程组，可得唯一对称均衡解为：

$$\varphi_A = \varphi_B = \frac{2\sqrt{\theta^2 + 3\theta k} - 4\theta}{3(k - \theta)} \tag{14}$$

而且很容易检验最优化的二阶条件也满足。因此可以得到：

命题 3 在厂商动态竞争下，第一期厂商的均衡广告强度由式（14）确定，第二期厂商对产品的均衡定价为：$p_A = p_B = \sqrt{\theta^2 + 3\theta k} + \theta$；厂商的利润为：$\pi_A = \pi_B = \theta(2 - \varphi)^2 - \dfrac{k}{2} \varphi^2$，其中，$\varphi = \dfrac{2\sqrt{\theta^2 + 3\theta k} - 4\theta}{3(k - \theta)}$。

记静态竞争情况下厂商均衡广告强度、产品价格、利润、消费者福利和社会总福利分别为 φ^s、p^s、π^s、CS^s 和 W^s，动态竞争情况下厂商均衡广告强度、产品价格、利润、消费者福利和社会总福利分别为 φ^d、p^d、π^d、CS^d

和 W^d。

从命题 3 描述的厂商均衡定价我们看到，广告成本系数和滞留成本效应增大，仍然具有缓和厂商价格竞争的作用。由于 $\dfrac{\partial \varphi^d}{\partial k} < 0$，广告成本系数增大也具有缓和厂商广告强度竞争的作用。但因 $\dfrac{\partial \varphi^d}{\partial \theta} > 0$，滞留成本效应增加具有强化厂商广告强度竞争的效果。通过进一步的比较还可以发现，动态竞争情况下的厂商均衡价格水平高于静态竞争情况下的厂商均衡价格水平。

在一般的参数条件下，比较厂商在不同竞争情况下广告强度和利润以及对消费者福利和社会总福利的影响比较困难。为了更深入地分析厂商在不同竞争情况下产生的影响有什么显著的区别，以及对政策制定有什么指导意义，下面的分析是在广告成本系数较小的情况下进行的。

当 k 接近于 θ 时，$\varphi^d \approx \dfrac{1}{2}$，$p^d \approx 3\theta$，$\pi^d \approx \dfrac{17\theta}{8}$。容易求出消费者福利为 $CS^d \approx 2v - \dfrac{25\theta}{4}$，社会总福利为 $W^d \approx 2v - 2\theta$。在这样的设定下，由本文的第三部分分析可知，$\varphi^s \approx 1$，$p^s \approx \theta$，$\pi^s \approx \dfrac{\theta}{2}$，$CS^s \approx 2v - 2\theta$，$W^s \approx 2v - \theta$。由于上述所有变量关于广告成本系数 k 是连续的，所以存在参数 $k_1 > \theta$，当 k 满足 $\theta < k \leqslant k_1$ 条件时，有 $\varphi^d < \varphi^s$，$p^d > p^s$，$\pi^d > \pi^s$，$CS^d < CS^s$，$W^d < W^s$。

从上文的分析中可以看出，在假设的参数范围内，相对于静态竞争，厂商在动态竞争博弈中无论是广告强度竞争还是价格竞争都得到了缓和。因此，厂商也获得了更大的均衡利润，但消费者的福利和社会总福利却损失较大。在动态竞争情况下，一方面，厂商的广告强度太弱，因而购买产品的消费者人数较少，这减少了消费者的福利；另一方面，厂商对产品定价较高，这又进一步降低了消费者享受的剩余，因此造成消费者的福利有较大损失。从厂商角度看，动态竞争虽然导致厂商产品销售更少，但一方面由于广告投放较少，使厂商节约了广告成本；另一方面又因为较高的边际价格使它们的利润增加，两种因素的相互加强，厂商最终可获得更多利润。

相比较静态竞争，厂商之所以在动态竞争中均衡广告强度较小且均衡产品价格较高，其主要原因是：在动态竞争中，每个厂商都是在看到竞争对手广告强度的情况下来确定产品价格的。如果竞争对手的广告强度较大，那么即使该厂商广告强度较小，仍然有相对较多的消费者同时看到两个厂商的广告，由于消费者寻求多样化购买，这些消费者中就有很多人购买该厂商的产品，该厂商就获得更多的利润。每个厂商都从竞争对手较大的广告强度中获得了利益。在这种情况下，每个厂商从事较多的广告宣传就具有外部性，但自己却承担较多的广告成本，因此缓和了广告竞争，导致较小的均衡广告强度。既然每个厂商的广告强度较小，那么同时看到两个厂商广告的消费者人数就较少，因此，厂商就没有对产品索要低价来吸引消费者，这缓和了厂商之间的价格竞争，导致较高的均衡产品定价。在厂商同时决定广告强度和产品价格的博弈中，由于厂商在不知道竞争对手广告强度的情况下制定产品价格，如果厂商对产品定价较高，一旦竞争对手广告强度较大且对产品定价较低，那么该厂商就会失去大量顾客，在竞争中处于不利地位。为了保险起见，厂商有激励通过较低的价格来抢夺对手的顾客，这反过来又激励了厂商扩大自己的顾客基础，因而激励厂商进行更多的广告宣传，最终导致更大的均衡广告强度。

相对于静态竞争博弈，在动态竞争博弈中，尽管厂商获得了较大的利润，但消费者却损失较多福利，社会总福利较少。因此，对政策制定部门，无论是从消费者方面还是从关注社会总福利方面出发，都应该出面干预厂商的行为。政策制定部门应该要求厂商在进行广告宣传时，不能仅仅宣传其产品有什么优良性质，而是要求其明确标明产品价格。这样，厂商之间的竞争就是静态竞争，因而有利于消费者，也提高了社会总福利。

五 结论

在许多行业中，厂商为了吸引更多的消费者购买其产品，往往耗费大量的金钱对产品进行广告宣传。厂商应该如何选择广告水平，不同的广告选择对厂商产品定价有什么影响，不仅与厂商的决策次序有关，也与消费者的消费特征相关。本文主要建立分析模型研究消费者寻求多样化购买对竞争性厂商广告选择及定价行为的影响，分别研究竞争性厂商进行静态竞争和动态竞争情况下广告选择及定价策略选择等问题。在基于厂商两种竞争博弈的均衡中，无论是厂商的广告强度选择还是价格决策都采取纯策略形式。厂商的均衡广告强度及产品定价都随着滞留成本效应 θ 的增加而提高，滞留成本的存在强化了厂商之间的广告竞争，但缓和了价格竞争。由于广告耗费厂商大量的成本，随着广告成本系数的增加，厂商的均衡广告强度减少，但产品价格却在提高。广告成本越大，厂商之间的竞争强度越小。

在广告成本系数较小的情况下，相对于静态竞争，在动态竞争中，无论是广告强度竞争还是价格竞争都得到了缓和，因此，厂商也获得了更大的均衡利润，但消费者的福利以及社会总福利却损失较大。

本文的模型可以很好地解释现实经济中的许多现象和厂商的竞争策略行为，如餐饮业中的大量广告派送计划、电子产品在各种媒体上的大量广告等，比较适用于消费者寻求多样化购买所导致的滞留成本相对于产品差异比较显著的市场情况。对于厂商而言，不仅要使用传统意义上的营销手段，如多品牌供应、加强售后服务来提高产品销售量，也要适应信息时代的发展，充分利用信息技术，通过广告等手段应对消费者寻求多样化购买倾向，提升自己的获利能力。

本文的研究结果对于公共政策选择具有一定的指导意义。从社会福利来看，动态竞争下，尽管厂商获得较大利润，但由于消费者购买数量较少，且支付较高的产品价格，消费者的福利损失无法通过厂商的利润增加来弥补，消费者的滞留产生了社会福利损失，导致静态竞争下的社会福利高于动态竞争下的社会福利。从社会福利分析的结果看，对于消费者寻求多样化购买的行业，公共政策似乎应该要求厂商在进行广告宣传的同时承诺产品定价，但在现实经济中并不必然如此，首先是因为信息成本问题，政府要了解厂商的行为比较困难；其次是动态竞争中厂商选择的广告强度较小，这样为厂商节约了许多广告费用，禁止此类策略不合情理；最后是如果要规制厂商的行为，执法成本会非常高。基于这些原因，公共政策选择应该采取什么措施，需要根据具体的市场环境而确定，不必拘泥于理论教条。

参考文献

［1］蒋传海、唐丁祥:《厂商动态竞争性差别定价和竞争优势实现》,《管理科学学报》2012 年第 3 期。

［2］杨渭文、蒋传海:《滞留成本、竞争性定价歧视和定价机制选择》,《财经研究》2008 年第 4 期。

［3］Adomavicius, G., Bockstedt, J., Curley, S. P., Bundling Effects on Variety Seeking for Digital Information Goods ［J］. *Journal of Management Information Systems*, 2015, 31 (4), pp. 182 – 212.

［4］Baye, M. R., Morgan, J., Brand and Price Advertising in Online Markets ［J］. *Management Science*, 2009, 55 (7), pp. 1139 – 1151.

［5］Butter, G. R., Equilibrium Distributions of Sales and Advertising Prices ［J］. *Review of Economic Studies*, 1977, 44 (3), pp. 465 – 491.

［6］Chen, Y., Paying Customers to Switch ［J］. *Journal of Economics and Management Strategy*, 1997, 6 (4), pp. 877 – 897.

［7］Chioveanu, I., Advertising, Brand Loyalty and Pricing ［D］. Working Paper, 2007.

［8］Coombs, C., Avrunin, G. S., Single Peaked Preference Functions and Theory of Preference ［J］. *Psychological Review*, 1977, 84, pp. 216 – 230.

［9］Givon, M., Variety Seeking Through Brand Switching ［J］. *Marketing Science*, 1984, 3, pp. 1 – 21.

［10］Haan, M., Moraga – Gonzalez, J., Advertising for Attention in a Consumer Search Model ［J］. *Economic Journal*, 2011, 121 (3), pp. 552 – 579.

［11］Jeuland, A. P., Brand Preference over Time: A Partially Deterministic Operation of the Notion of Variety Seeking ［C］. In Research Frontiers in Marketing: Dialogues and Directions, 43, AMA 1978 Educators' Proceedings, Chicago: American Marketing Association.

［12］McAlister, L. A., Dynamic Attribute Satiation Model of Variety – Seeking Behavior

〔J〕. *Journal of Consumer Research*, 1982, 9 (2), pp. 213 – 224.

〔13〕Roy, S., Strategic Segmentation of a Market〔J〕. *International Journal of Industrial Organization*, 1998, 18, pp. 1270 – 1290.

〔14〕Sajeesh, S., Raju, J. S., Positioning and Pricing in a Variety Seeking〔J〕. *Marketing Science*, 2010, 56 (6), pp. 949 – 961.

〔15〕Seetharaman, P. B., Che, H., Price Competition in Markets with Consumer Variety Seeking〔J〕. *Marketing Science*, 2009, 28 (3), pp. 516 – 525.

〔16〕Stahl, D. O., Oligopolistic Pricing and Advertising〔J〕. *Journal of Economic Theory*, 1994, 64, pp. 162 – 177.

〔17〕Villas – Boas, J. M., Dynamic Competition with Customer Recognition〔J〕. *RAND Journal of Economics*, 1999, 30, pp. 604 – 631.

〔18〕Zeithammer, R., Thomadsen, R., Vertical Differentiation with Variety – Seeking Consumers〔J〕. *Management Science*, 2013, 59 (2), pp. 390 – 401.

中国通信设备制造业的出口空间分布、产业内贸易与出口质量

蓝 天

摘 要 通信设备制造业是电子信息领域的基础核心产业。本文根据 UN Comtrade 数据库,对我国通信设备制造业在全球贸易中的空间分布和 GL 指数进行了测度,并计算了我国通信设备制造业的出口技术复杂度。结果表明:我国通信设备制造业对外贸易增长迅速,但贸易收支不平衡状况严重,贸易顺差巨大;贸易的国别集中程度愈加呈现出集中趋势,这使得行业受进出口来源国的贸易波动影响较大;从全球价值链的参与程度来看,我国通信设备制造业参与产业内贸易水平有了很大程度提高,产品贸易增加额中一半以上以产品内贸易形式进行,全球价值链参与程度逐年上升;我国通信设备制造业的出口技术复杂度与发达经济体的差距不断缩小,出口商品结构的相似度非常高,产业正在不断向全球价值链高端迈进,国际竞争力显著增强。

关键词 通信设备制造业 出口空间分布 产业内贸易 出口技术复杂度

一 引言

改革开放以来,我国通信设备制造业实现了持续快速发展,经过近二十年的技术引进和近十年的自主研发,在总体技术水平和产业规模上均进入世界前列,特别是在程控交换机、接入网、电话机等领域,技术已经较为成熟,

[作者简介] 蓝天,东北财经大学国际经济贸易学院讲师、经济学博士,南开大学国际经济研究所应用经济学博士后,研究方向为世界经济、国际贸易。

[基金项目] 国家社会科学基金青年项目"全球价值链背景下中国增加值贸易要素含量与就业拉动效应研究"(15CJL041)、教育部人文社科青年基金项目"全球价值链背景下中国与东亚贸易真实利益解构及分配机制研究"(14YJC790058)和中国博士后科学基金第 54 批面上项目"中国融入东亚生产网络的真实贸易利益测度及对策研究"(2013M541166)。

在市场上占据主导地位，并涌现出一批优秀的本土通信设备制造企业。比如华为和中兴，不仅跻身国际电信设备制造商五强，而且在技术水平、产品性能和专利申请等方面居国际领先地位。根据《中国高技术产业统计年鉴》和《中国统计年鉴》的数据，我国通信设备制造业总产值从1995年的605.6亿元发展到2013年的13770.5亿元，其占我国GDP的比重也从1995年的不足1%增加到2013年的2.47%，已经成为国民经济众多产业中较有活力和发展潜力的先导性高科技产业；同时，参考各年度《全国制造业质量竞争力指数公报》可知，我国通信设备制造业的竞争力指数从2005年的83.72上升至2013年的90.97，已经进入较强竞争力的发展阶段。但是，2008年全球金融危机的到来，使我国通信设备制造业的产值增速有所放缓，增长率也由2007年的18.2%骤降至2008年的12.2%，对外出口增长率由2007年的14.7%降至2008年的6.3%。这说明我国的通信设备制造业发展受外部经济波动的影响明显，在充分应对外部冲击的能力上还存在不足。但这也为我国通信设备制造业的发展提供了良好的契机。在国家信息化战略的大力扶持下，我国通信设备制造业力争实现产业升级和向全球价值链高端攀升，不仅有利于改造传统产业设备，增强产业竞争力，而且有利于提高资源配置效率，带动整个国民经济的发展。

本文首先对我国通信设备制造业参与全球价值链的总体状况进行描述，并以此为基础，通过行业贸易集中度等指标，分析其在全球贸易中的空间分布；其次利用Gruber和Lloyd（1975）分析框架，结合UN Comtrade数据库，对我国通信设备制造业的GL指数、产品出口/进口价值比进行测算；最后测度了我国通信设备制造业的出口技术复杂度，从而以一个比较全面的角度对我国通信设备制造业的对外贸易结构及其在全球价值链的参与程度有较为清晰的把握，进而为其产业的优化升级提供有益的借鉴。

二　中国通信设备制造业的出口空间分布

我们利用统计数据对我国通信设备制造业进出口商品的空间结构特征进行了较为全面的分析，主要包括贸易区域分布、主要贸易集团及变化情况、进出口贸易量平衡状态，并借鉴产业经济学的集中度指数（HHI）和贸易熵指数（RE），对产业空间贸易结构的变化情况进行了比较与分析，以此刻画我国通信设备制造业在全球价值链中的空间贸易结构。

（一）进出口的区域分布特征

从整体来看，我国通信设备制造业商品进口主要集中于亚洲、北美和德国，前十大进口来源国家所占份额均超过85%，且呈现逐年上升趋势，由2007年的86.20%上升至2013年的90.46%，年均上升幅度约0.71个百分点

（见表1）。相比于进口，我国通信设备制造业出口地区相对分散，主要出口国家集中在亚洲、欧洲和北美。前十位出口国家的市场份额总体也呈上升趋势，由2007年的70.60%上升至2013年的77.24%，年均上升幅度约1.11个百分点，超过进口升幅（见表2）。具体来看，2013年，我国通信设备制造业进口主要集中在表1中的前五个国家和地区，分别是韩国、中国台湾、日本、马来西亚和美国。2007—2013年，我国从这些国家和地区的进口份额超过了60%，且呈现逐年上升趋势，2013年更是达到了78.51%，年均上升幅度达到2.31个百分点；而进口来源排名后五位的国家和地区，由于受到产业转移的影响，我国从其进口的份额从2007年的21.58%急剧下降到2013年的11.95%，年均降幅达1.61个百分点。在出口方面，从表2可知，2013年，中国香港、美国、韩国、日本和荷兰是我国通信设备制造业最大的出口市场，我国在这些国家和地区市场上所占的份额从2007年的56.28%上升到2013年的68.20%，年均上升幅度为1.99个百分点。

表1　　　　　中国通信设备制造业进口来源国家和地区前十排名

单位：万美元、%

排名	2007年		2009年		2011年		2012年		2013年	
	国家和地区	进口额	国家和地区	进口额	国家和地区	进口额	国家和地区	进口额	国家和地区	进口额
1	韩国	360844	韩国	390421	韩国	486346	韩国	834995	韩国	1038497
2	芬兰	120894	日本	176971	中国台湾	187238	中国台湾	248778	中国台湾	272732
3	日本	111941	美国	99690	日本	140770	日本	143525	日本	189560
4	美国	109236	中国台湾	85856	马来西亚	107965	马来西亚	106049	马来西亚	105760
5	马来西亚	83195	马来西亚	75004	美国	103868	美国	91728	美国	75510
6	中国台湾	81718	泰国	60487	泰国	68781	菲律宾	68065	菲律宾	72582
7	菲律宾	50932	中国香港	42185	中国香港	66071	中国香港	62122	中国香港	72332
8	中国香港	49811	菲律宾	37511	菲律宾	34553	泰国	52003	越南	55163
9	德国	44042	德国	35101	墨西哥	34236	墨西哥	29053	泰国	52632
10	泰国	35931	芬兰	31965	德国	33179	德国	26761	德国	3337
1—5合计比例	64.63		68.75		72.11		77.71		78.51	
6—10合计比例	21.58		17.21		16.64		12.98		11.95	
1—10合计比例	86.20		85.96		88.75		90.69		90.46	

资料来源：UN Comtrade 数据库。

表2　　　　　　　　　中国通信设备制造业出口国家/地区前十排名

单位：万美元、%

排名	2007年		2009年		2011年		2012年		2013年	
	国家和地区	出口额	国家和地区	进口额	国家和地区	进口额	国家和地区	进口额	国家和地区	进口额
1	中国香港		中国香港	2457117	中国香港	4598482	中国香港	4580045	中国香港	5335769
2	美国		美国	1135255	美国	1815801	美国	2650068	美国	3023162
3	印度	345907	韩国	696894	韩国	980491	韩国	1657106	韩国	1915869
4	德国	351085	印度	423159	日本	513951	日本	867100	日本	978139
5	新加坡	334475	日本	274047	荷兰	347221	荷兰	527425	荷兰	679445
6	韩国	315640	匈牙利	225145	印度	327105	墨西哥	300917	越南	380785
7	荷兰	209834	荷兰	170396	匈牙利	319562	印度	291962	墨西哥	376053
8	日本	198496	英国	158973	墨西哥	315340	中国台湾	237607	英国	297793
9	匈牙利	190939	墨西哥	154457	英国	242585	匈牙利	233601	印度	278980
10	芬兰	184934	德国	147252	法国	223316	德国	269710	中国台湾	249080
1—5合计比例	56.28		59.63		61.88		67.10		68.20	
6—10合计比例	14.33		10.24		10.70		8.38		9.05	
1—10合计比例	70.60		69.87		72.59		75.48		77.24	

资料来源：UN Comtrade 数据库。

综上分析，我国通信设备制造业与十大进出口国家和地区之间的贸易结构表现出不同程度的集中趋势，而且前五位进出口贸易国家和地区及后五位贸易国家和地区各自所占的份额差距逐渐拉大。这说明我国通信设备制造业的进出口贸易在向少数几个国家集聚，地区贸易结构有所失衡。

（二）进出口贸易收支状态和分布特征

我们进一步采用二维坐标图，分析我国通信设备制造业进出口贸易收支状况。如图1和图2所示，选取通信设备制造业与我国进出口贸易额排位前十五的国家和地区，用 X 轴表示我国通信设备产品进口额，Y 轴代表其对外

出口额；45°线表示双边贸易处于平衡状态（进口完全等于出口，贸易逆差为
0），45°线以上表示我国对某国家的通信设备产品出口大于进口，处于贸易顺
差；45°线以下表示中国对某国家的通信设备产品出口小于进口，处于贸易逆
差。如果样本沿着坐标轴分布，这说明贸易处于非常不平衡状态，即双边贸
易呈显著逆差或显著顺差。

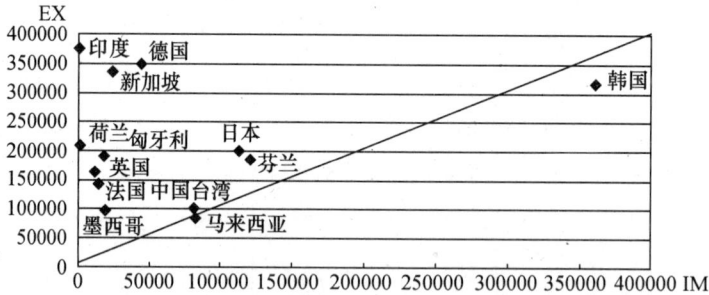

图 1   2007 年通信设备制造业中国与主要贸易伙伴进出口贸易额

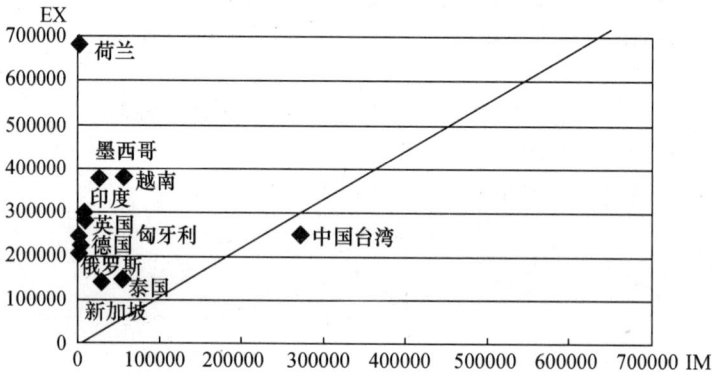

图 2   2013 年通信设备制造业中国与主要贸易伙伴进出口贸易额

从图 1 和图 2 可以明显看出，我国通信设备制造业产品双边贸易不平衡
特征非常明显。其进出口贸易主要沿着纵轴分布，说明我国与贸易伙伴之间
的贸易收支处于显著顺差状态。贸易向纵轴偏离的趋势越来越大，这说明顺
差的增幅巨大。

这一结论也可以通过净出口占贸易比率更加直观地验证。净出口比率公
式如下：

$$净出口比率 = \frac{净出口}{贸易量} = \frac{X - M}{X + M}$$

式中：X 表示通信设备制造业中国对世界其他国家和地区出口额；M 表

示中国从世界其他国家和地区进口额。如果中国是净出口，则数值为正；如果为净进口，则数值为负。当贸易居于平衡时（进口＝出口），则比率为0；如果贸易非常不均衡（净进口，或为净出口），则比率为1或－1。采用净出口占贸易比率的分析表明，在选取的四个年份中，主要贸易伙伴中除2007年与韩国的贸易及2013年与中国台湾的贸易中出现微小的逆差外，与大多数国家和地区贸易均呈现出显著顺差，而且大多数国家和地区的净出口贸易比率呈逐年上升趋势。我们还发现，通信设备制造业贸易的不平衡状态具有明显的空间特征。如图1及图2所示，与我国贸易处于显著贸易盈余状态的国家和地区主要分布在欧洲和美洲，而顺差相对较弱的国家和地区主要分布在韩国、日本和东南亚地区。

表3 净出口比率

年份	2007	2009	2011	2013
中国香港	0.95	0.97	0.97	0.97
美国	0.86	0.84	0.89	0.95
韩国	－0.07	0.28	0.34	0.30
德国	0.78	0.62	0.70	0.97
印度	0.99	0.98	0.92	0.95
日本	0.28	0.22	0.57	0.68
荷兰	0.99	0.92	1.00	1.00
匈牙利	0.82	0.94	0.98	0.99
中国台湾	0.10	0.17	0.06	－0.05
英国	0.87	0.88	0.91	0.95

（三）进出口贸易聚集程度分析

前文对我国通信设备制造业对外贸易的地区结构进行了一般分析，没有对各个地区之间以及内部的结构进行分析，故我们借鉴产业组织学的经典方法，对我国通信设备制造业贸易空间结构的变化进行测度。

出口商品的地区集中度是应用最广泛的反映贸易空间结构的指标，它主要是指一国出口商品集中于某地或者某些地区的程度。这里利用区域赫希曼指数（Regional Hirschman）来表示。其计算公式如下：

$$RE = \sum_j \left[\frac{\sum_i X_{ij}}{\sum_{iw} X_{iw}} \right]^2$$

式中：RE 表示区域赫希曼指数；i 表示中国；j 表示其他国家和地区；w 表示世界；X 表示双边通信设备产品进口（出口）额，该指数的值表示各个国家和地区在一国出口总额中所占比重的平方和。假设一个贸易主体的出口中所占份额较大的国家和地区的个数一定，那么，如果这些国家和地区的 RE 指数变小，说明这个出口主体的整体地区结构趋于优化，即这些既定的几个国家和地区占该主体出口到该整个地区的份额不断下降，该地区其他国家和地区占该主体出口到该整个地区的份额不断上升。相反，RE 指数变大，则说明该地区的整体地区结构更加集中于这些既定的几个国家和地区。

为了使结果更加准确，同时采用贸易熵指数进行计算。贸易熵指数是国际上广泛地用来衡量出口贸易地理空间聚集度的指标。较高的集中度表明该国贸易更容易受到贸易伙伴经济波动的影响。贸易熵指数计算公式为：

$$TE = \sum_d \left[\frac{\sum_s X_{sd}}{\sum_{sd} X_{sd}} \right] \ln\left(\frac{1}{\sum_s X_{sd} / \sum_{sw} X_{sw}} \right)$$

式中：TE 表示贸易熵指数；s 表示中国；d 表示中国的贸易伙伴；w 表示世界；X 表示不同通信设备产品进口（出口）额；TE 的数值分布在 0 至正无穷。数值越高的值表示其国家贸易地理空间越分散，当贸易熵指数无穷时，表示其在每个国家的贸易份额为一样。反之，当 TE 越小，表示熵越小，贸易空间越集中。

图 3 和图 4 显示了 2007—2013 年中国通信设备制造业进出口的区域赫希曼指数和贸易熵指数。计算结果表明，无论采用区域赫希曼指数还是贸易熵指数，所得到的结论完全一致。首先，我国通信设备制造业进口的国别和地区贸易聚集程度明显增加。产品进口的贸易熵指数由 2.383 下降到 1.933，降幅达 19%（见图 3）。而区域赫希曼指数变化幅度也很大，由 2007 年的 0.134 上升到 2013 年的 0.268，增长了一倍（见图 4）。其次，我国通信设备

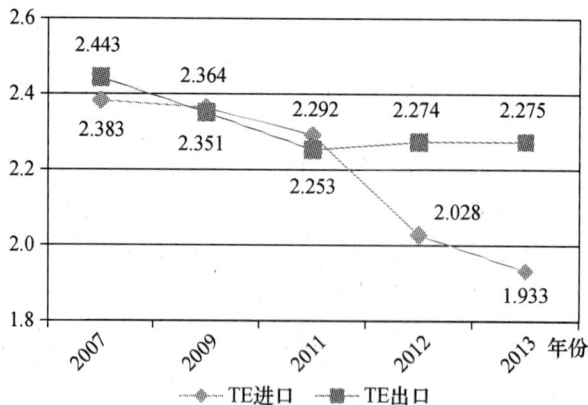

图3　2007—2013 年中国对外贸易贸易熵指数

行业产品出口的国别聚集度呈现增大的趋势,但相对进口而言,聚集程度较小。总体来看,产品出口的贸易熵指数由 2.443 下降到 2.275,降幅为 7%(见图 3);区域赫希曼指数由 0.131 上升到 0.159,涨幅为 21%(见图 4)。

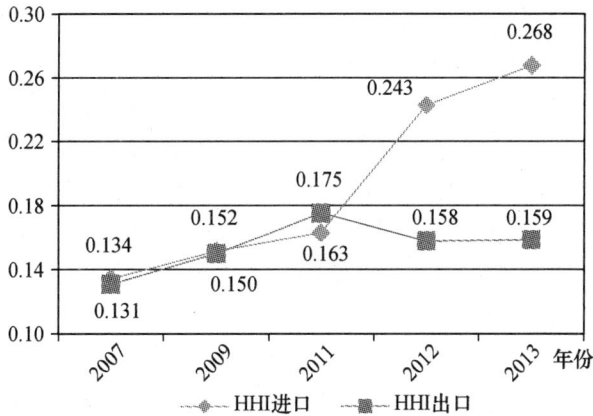

图 4　2007—2013 年中国对外贸易区域赫希曼指数

上述变化表明,随着我国更加主动地融入全球价值链中,以及一系列促进通信行业发展和贸易政策的实施,我国通信设备制造业的进出口贸易量大幅增加,而且进出口贸易的国家和地区集中程度呈现出集中的趋势,少数几个贸易伙伴在我国通信设备产品进出口贸易中占据主导地位。我们也应意识到,出口的空间地域结构过于集中,会对我国通信设备制造业带来一定的风险。首先是外贸安全问题日益凸显,当进出口受到国内外不利因素冲击时,受到外部经济环境的负面影响会比较严重。其次是出口空间地域结构的集中以及我国通信设备制造业对外贸易的巨大顺差,会加剧个别发达国家和发展中国家与我的贸易摩擦,对相关产品和出口企业带来沉重的打击。

三　中国通信设备制造业的产业内贸易

一个国家某个产业的产业内贸易水平,特别是水平异质产品产业内贸易水平越高,说明该产业参与全球价值链国际分工的程度越高。加入世界贸易组织以来,我国通信设备制造业对外贸易增长迅速,国际竞争力较之前有很大提升。下面我们将利用产业内贸易指标对我国通信设备制造业的全球价值链参与程度进行简单分析。

(一)　我国通信设备制造业 GL 指数分析

目前,测度产业贸易结构的指标大概可以分为三类:一是初期的探索性研究指标，如米凯利（Michaely）、巴拉萨（Balassa）提出的计量方法；二是水平测度指标，如 GL 指数、AQ 指数等；三是结构测度指数，有测度两国间贸易的双边贸易指数和测度垂直异质产品产业内贸易的垂直专业化指数等。尽管不同研究对于产业贸易的测度指标提出了各种观点，而且其表述也各有利弊，但是，目前国际最为广泛采用的评价产业内贸易水平的指标的仍然是以 1975 年由格鲁贝尔和劳埃德（Grubel and Lloyd）给出的"GL 指数"。

1975 年，格鲁贝尔和劳埃德在其出版的《产业内贸易：异质产品国际贸易的理论及测度》一书中用相当的篇幅考察了已有的产业内贸易指标。他们认为，产业内贸易是产业贸易总额减去该产业中进出口贸易差额后的余额部分，并且给出了至今仍然为人们所普遍引用的产业内贸易指数"B_i"，国内通常称为"GL 指数"，用以测度产业内贸易水平。其计算公式为：

$$GL = \left(1 - \frac{|X_i - M_i|}{X_i + M_i}\right)$$

其中，GL 表示某一产业的产业内贸易指数，X_i 表示该产业的出口贸易额，M_i 表示该产业的进口贸易额。若 $X_i = M_i$，则 $GL = 1$，表明所有贸易均为产业内贸易；若 $X_i = 0$ 或 $M_i = 0$，则 $GL = 0$，表示所有贸易均为产业间贸易，不存在产业内贸易，所以 $0 \leqslant GL \leqslant 1$。

通常认为，产业内贸易指数大于 0.5，则该产品的贸易模式是以产业内贸易为主；反之，则是以产业间为主。利用"GL 指数"计算我国通信设备制造业 2007—2012 年的产业内贸易水平，计算结果如图 5 所示。

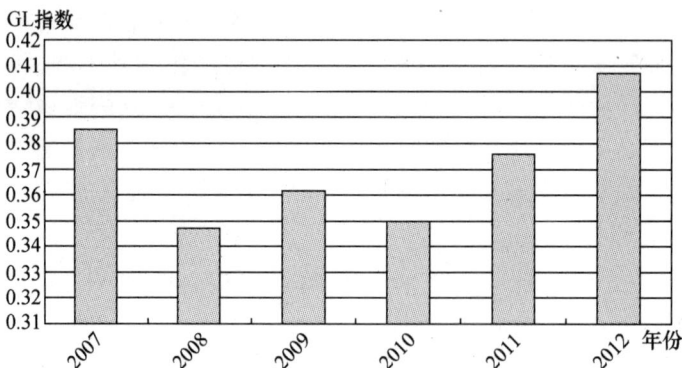

图 5　2007—2012 年中国通信设备制造业 GL 指数

资料来源：根据 UN Comtrade 数据库计算。

从图 5 中可以发现，2007—2012 年，我国通信设备制造业产业内贸易水平并不高，而且提升幅度不大，甚至在 2008 年和 2010 年还出现了明显下降。其原因主要在于：首先，按照联合国统计署贸易数据库（UN Comtrade Database）的分类，HS 编码位数越少，测算出的产品内贸易水平越高。我们采用 HS 四位数编码测算通信设备制造业的贸易水平，实际上抵消了零部件在整个通信行业贸易总水平中所占的比例，所以，测算出的产业内指数偏低。其次，研究中人们往往只将注意力集中在产业内贸易水平的测度方法上，而忽略了对产业内贸易规模的衡量。然而，GL 指数只是一个相对数，对产业内贸易的实证研究还应研究其绝对量的变化。

1975 年，格鲁贝尔和劳埃德就指出，产业内贸易是"总贸易值减去产业间贸易的余额"或"一国某一产业之产品的进口和出口总和"。因此，在这里公式可以表示为：

$$IIT_i = (X_i + M_i) - |X_i - M_i|$$

其中，IIT_i 表示 i 产业的产业内贸易绝对量；X_i 为该产业的出口贸易额；M_i 为该产业的进口贸易额。这里，对我国通信设备制造业 2007—2012 年产业内贸易绝对数进行比较可以得到如图 6 所示的结果。

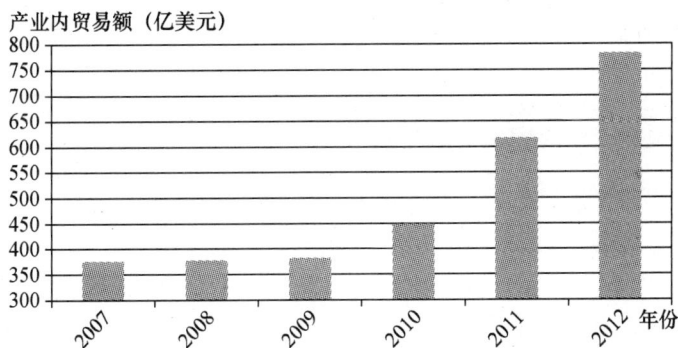

图 6　2007—2012 年中国通信设备制造业产业内贸易额
资料来源：根据 UN Comtrade 数据库计算。

从图 6 中可以看出，随着全球金融危机影响的减退，近年来，我国通信设备制造业的产业内贸易额增长明显，从 2009 年的 382 亿美元快速增长至 2012 年的 783 亿美元，短短的三年时间就增长了一倍。由此可见，如果消除贸易绝对量增长及进出口失衡造成的影响，我国通信设备制造业的 GL 指数将有所提升。

为了说明我国通信设备制造业产业内贸易水平的相对状况，我们与日本和韩国的通信设备制造业的产业内贸易水平进行对比。日本和韩国不仅是亚太地区的制造业强国，而且也是我国通信设备制造业最主要的贸易伙伴。计算 2007—2012 年中国、韩国、日本的通信设备制造业产业内贸易水平，从图 7 中不难看出，到 2012 年，我国的产业内贸易水平已经相当可观，与韩国齐平，并且已反超日本，这表明我国通信设备制造业参与全球价值链分工的步伐正在加快，与世界经济的融合程度不断加深。

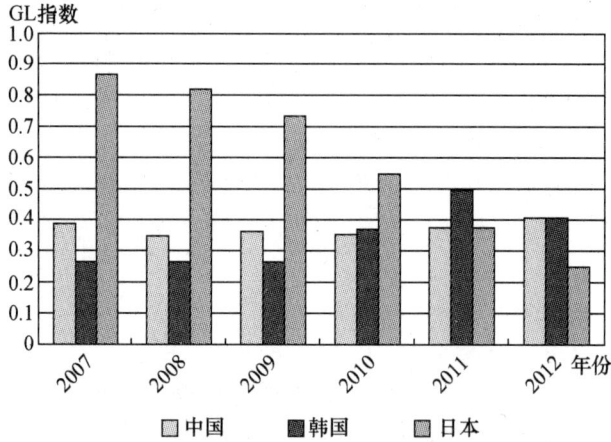

图 7   2007—2012 年中日韩通信设备制造业 GL 指数对比

资料来源：根据 UN Comtrade 数据库计算。

（二）边际产业内贸易指数测算

由于"GL 指数"是一个静态指标，只适合于测度某个单一时期的产业内贸易水平，不同时间的"GL 指数"并不能正确反映出产业内贸易的变化，对此，人们提出了产业内贸易水平的动态衡量方法，即边际产业内贸易（Marginal Intra – Industry Trade，MIIT）指数。其中，Brüehart（1994）提出的 MIIT 指数被广泛应用，其计算公式为：

$$MIIT_i = 1 - \frac{|\Delta X_i - \Delta M_i|}{|\Delta X_i + \Delta M_i|}$$

其中，$MIIT_i$ 表示第 i 类产品一定时期的 Brüehart 边际产业内贸易指数，ΔX_i 和 ΔM_i 表示两个时期间第 i 类产品出口贸易与进口贸易的变化量。假设 $\Delta X_{i,t}$ 与 $\Delta X_{i,t-k}$、$\Delta M_{i,t}$ 与 $\Delta M_{i,t-k}$ 分别表示时期 t 和时期 $t-k$ 的出口和进口，则：

$$\Delta X_t = \Delta X_{i,t} - \Delta X_{i,t-k}$$
$$\Delta M_i = \Delta M_{i,t} - \Delta M_{i,t-k}$$

$MIIT_i$ 指数的取值范围在 0—1 之间，当 $MIIT_i = 0$ 时，表示特定部门的边际贸易完全是产业间贸易；当 $MIIT_i = 1$ 时，表示边际贸易完全为产业内贸易。$MIIT_i$ 值越小，表明增加的贸易量中产业间贸易的比重越大；相反，$MIIT_i$ 值越大，表明增加的贸易量中产业内贸易的比重越大。对我国通信设备制造业边际产业内贸易指数 $MIIT_i$ 的计算，结果见表 4。

表4　　　　　　　　　中国通信设备制造业边际产业内贸易指数

年份	2008	2009	2010	2011	2012
MIIT	0.0154	0.1038	0.2976	0.4677	0.5896

表4中的数据显示，从经济危机中走出来的我国通信设备制造业的产业内贸易水平的确有了大幅度提升，2012年的*MIIT*值达到了0.5896，这说明我国通信设备产品的贸易增加额中超过58%以上的份额是以产业内贸易形式进行的。这就从动态角度深度刻画了我国通信设备制造业融入全球价值链的典型特征。

四　中国通信设备制造业的出口质量

在国际贸易理论中，出口复杂度可以反映一个国家某产业出口商品结构，一国出口产品的复杂度越高，该国出口产品的技术水平就越高。同时，该指标在一定程度上反映了一国产业在国际分工中所处地位的优劣。因此，出口技术复杂度实际上为分析国际贸易、国际生产布局、出口结构以及发展中国家的出口竞争力提供了一种全新的研究方法。我们借用出口技术复杂度指数来考察我国通信设备制造业的贸易水平，从另一个角度衡量其在全球价值链中的地位。

（一）中国通信设备制造业出口技术复杂度的测算

在样本数据的选择上，我们采用的所有出口数据均来源于联合国贸易统计数据库。同时，为了能够更好地反映产品出口技术复杂度，我们选取各种通信制造产品当年出口额排名在前50的国家，省去了一些出口贸易量小、出口品种少或人均GDP较低的国家，数据选取的年度区间为2003—2012年。我们选取出口排名前50的国家数据，是因为这些国家的通信设备产品出口占世界出口总额的90%以上，能够满足本文计算精确度的需要。另外，有些研究商品出口结构的文献将研究对象的出口目的地选择为美国，用美国的进口量表示研究对象的出口量，我们认为，这种替代是不准确的，因为许多国家对美国的出口量只占该国出口总量的一部分，而美国的进口需求也不代表全世界的需求。因此，本文中样本国家的出口目的地为全世界。

我们采用罗德里克（Rodrik，2006）提出的出口技术复杂度指标测算我国通信设备制造业的出口技术复杂度。首先，计算*PRODY*指数，它是出口某种商品的国家人均GDP的加权和，因此代表每一项商品相应的收入水平。以 j 代表第 j 个国家，以 i 代表第 i 种商品，对于某一给定的年份，第 j 个国家出口的总价值为：$X_j = \sum_i x_{ji}$，以 Y_j 代表第 j 个国家的人均GDP，第 k 种商品的

PRODY 指数为：

$$PRODY_k = \sum_j \frac{x_{jk}/X_j}{\sum_j (x_{jk}/X_j)} Y_j$$

其中，权数的分子 x_{jk}/X_j 是第 j 个国家第 k 种商品的出口价值占该国总出口价值中的比率，权数的分母 $\sum_j (x_{jk}/X_j)$ 是指出口第 k 种商品的所有国家该比率的累计值，使用比率而不是数量，能保证一些贫穷的小国的出口被赋予足够的权重。计算 $EXPY$ 指数，即为所求出口技术复杂度：

$$EXPY_j = \sum_i \frac{x_{ji}}{X_j} PRODY_i$$

根据上式测得我国通信设备制造业出口技术复杂度，x_{ji} 表示第 j 个国家第 i 种商品的出口额占该国总出口额的比重，如表 5 所示。

表 5 中国通信设备制造业出口技术复杂度

年份	EXPY	年份	EXPY
2003	1.03	2008	13.48
2004	1.57	2009	20.05
2005	1.36	2010	23.21
2006	1.85	2011	27.75
2007	15.58	2012	26.61

资料来源：根据 UN Comtarde 数据库计算。

（二）测算结果纵向比较分析

纵向比较分析即按照数据出现的时间顺序进行比较分析。从表 5 及图 8 中我们可以得出以下三个结论：

第一，我国通信设备制造业出口技术复杂度基本呈现出上升趋势。2003—2012 年，我国通信设备制造业出口技术复杂度增长了 25 倍，年平均增长率达 98%。如此高的增长率说明，近十年来，我国通信设备行业获得了显著发展，该行业出口产品国际竞争力大大提高，出口产品包含更多的技术含量在里面。当然，这与全球通信产业大发展和我国加入世界贸易组织有着密不可分的关系。加入世界贸易组织以来，我国整体经济实力不断增强，带动了通信设备制造业的快速发展。同时，在国家信息化发展战略和"宽带中国"等政策的刺激下，我国不断学习国外先进经验，并加以吸收转化，使得自身获得了快速发展。

第二，我国通信设备产业出口技术复杂度在 2006 年前增长较为平缓，但之后出现了爆发式增长。如图 8 所示，2003—2006 年，其年均增长率为

24.86%，而 2007—2012 年年均增长率则为 134.56%。分析其原因，在 2006 年之前，由于我国刚刚加入世界贸易组织，对外出口处于掌握世界贸易组织规则的摸索阶段，且对于世界贸易组织规则并不熟悉，一定程度上限制了我国通信设备制造业出口竞争力的提升。此外，由于处于加入世界贸易组织的初级阶段，我国吸引外资及对外学习的能力较弱，因此通信设备制造业出口产品的技术复杂度相对较低。但是，随着加入世界贸易组织的深入，我国通信设备制造业伴随着信息化革命的浪潮，出口规模不断扩大，对外引资力量逐渐加强，自主创新能力显著提升，出口产品向高、精、尖方向发展。同时，2006—2007 年移动通信数据业务在国内和国外都得到了高速发展，并一举超过语音业务，成为整个通信行业发展的一个拐点；在 2009 年掀起的 3G 网络大潮，通信技术标准频繁升级，多种无线技术被相继推出；2011 年随着无线基础设施的完善及硬件价格的下降，智能手机发展迅猛，这些都不同程度地改变了我国通信设备制造业的全貌。而一大批本土优秀企业在国际市场竞争中脱颖而出，带动了行业产品出口技术复杂度快速上升，逐渐地向该行业价值链的高端前进。

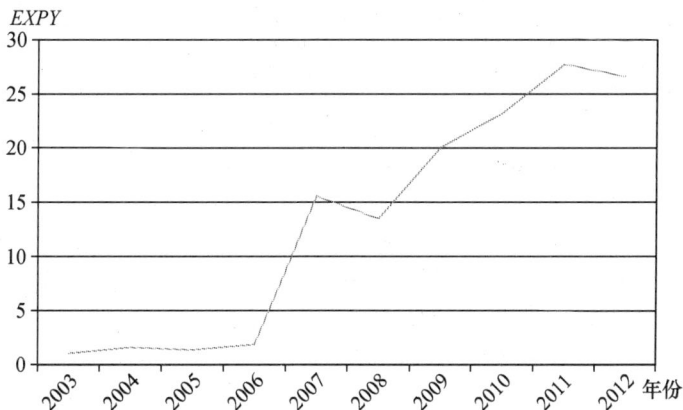

图 8 2003—2012 年中国通信设备制造业出口技术复杂度

第三，在 2008 年和 2012 年，出口技术复杂度出现了小幅下降，降幅分别为 13% 和 4%。这是由于 2008 年金融危机席卷全球，世界经济处于低潮，各国出口规模和质量都有所下降，发达国家进口需求骤减，我国通信设备制造业也受到了一定的冲击。2012 年受困于欧债危机与全球经济疲软，我国通信运营商在网络上的投资大幅缩减，最终导致通信设备制造商大面积亏损，但在国家促进信息消费、推动宽带网络、4G 网络建设等政策措施的推动下，行业成长能力依然良好，有助于我国通信设备制造业快速走出低谷。

（三）测算结果横向比较分析

横向比较即在相同时间点上对不同国家进行比较分析。由于所涉及国家和数据较多，我们仅选取了部分国家和经济体作为代表，包括美国和日本、荷兰、韩国、新加坡、马来西亚六个国家。美国和日本作为发达经济体，荷兰代表欧洲通信设备行业的最高水平，是我国经济发展学习的对象，与其比较可以使我们了解我国与发达经济体之间的差距，同时也可以使我们认清自身的实力，以便在今后的发展中发挥优势弥补不足。韩国、新加坡和马来西亚同属亚洲国家，不仅在地理位置上与我国邻近，而且与我国贸易往来非常密切，对我国也具有十分重要的借鉴意义。

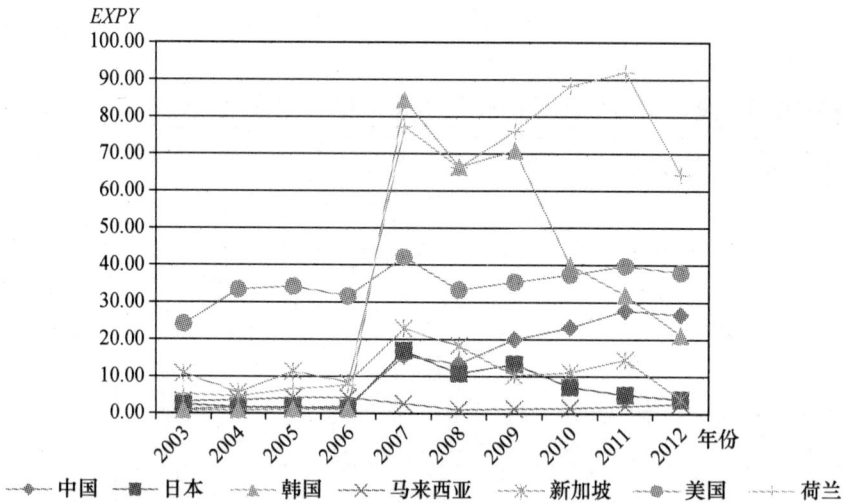

图9　2003—2012年各主要国家通信设备制造业出口技术复杂度

资料来源：根据 UN Comtrade 数据库计算。

从图9中我们可以得出以下结论：

第一，经过近十年的高速发展，我国通信设备制造业出口技术复杂度相对来说有了很大提高，出口商品结构与世界上发达经济体出口商品结构的相似度非常高。从图9中可以清楚地看到，近十年来，我国出口技术复杂度整体保持平稳上升趋势，并有较大幅度提高，超过了发达国家日本，与美国、荷兰等发达经济体的差距正在逐渐缩小。

第二，我国通信设备制造业出口技术复杂度在2006年之前与新加坡、马来西亚、日本、韩国等亚洲国家基本处在同一水平上，而之后出现明显分化。2003—2006年，我国与这些国家有着相似的演进过程，出口质量程度相仿；但在2006年之后，随着我国信息化国家战略的实施和相关扶持政策的出台，我国通信设备制造业迎来历史性的发展机遇，特别是在 2009 年后开始与其他国家出现明显分化。

第三，我国通信设备制造业出口技术复杂度同美国、荷兰等经济体的差距在不断缩小，并已超过日本、韩国、新加坡和马来西亚且差距在不断加大。这些亚洲国家与我国通信设备制造业在国际市场上有着较强的竞争关系，而我国出口技术复杂度的不断提高，说明我国通信设备产品的出口质量在不断提升，出口的国际竞争力在不断增强，我们正在向着全球价值链的高端攀升。

五　结论

通过上述分析我们可以看出，我国通信设备制造业不论是参与全球生产网络程度还是在全球价值链中的地位都在快速成长，贸易额和贸易顺差在世界上都占据着很重要的位置。通过对贸易集中度、GL 指数、技术复杂度等指标的测度，我们对我国通信设备制造业的空间贸易结构以及在全球价值链中的发展水平有了比较清晰的认识。

首先，近年来，我国通信设备制造业对外贸易有很大幅度的增长，贸易顺差巨大，贸易收支不平衡状况非常严重。

其次，我国通信设备制造业出口在空间地区结构上呈现出集中趋势，这使得行业受进出口来源国的贸易波动影响较大。

再次，从全球价值链的参与程度来看，我国通信设备制造业的产业内贸易水平有了很大幅度提高，到 2012 年，商品贸易增加额中超过半数的份额是以产品内贸易形式进行的，全球价值链参与程度呈现逐年上升趋势。

最后，对我国通信设备制造业出口技术复杂度的测度，近十年来，增长近 25 倍，并且与世界上发达经济体出口商品结构的相似度非常高。这说明我国通信设备制造业在不断向全球价值链高端迈进，产业国际竞争力显著增强。

总之，我们需要及时调整对外贸易发展战略，在充分发挥要素禀赋优势的基础上，努力实现我国比较优势的动态转变，并将战略性贸易政策与产业政策相结合，加快产业结构的转型升级，从而促使我国通信设备制造业更好地融入全球价值链分工，提高在价值链中的附加价值，不断向全球价值链高端攀升。

参考文献

[1] 北京大学中国经济研究中心课题组：《中国出口贸易中的垂直专门化与中美贸易》，《世界经济》2006 年第 5 期。

[2] 陈爱贞、刘志彪：《决定我国装备制造业在全球价值链中地位的因素——基于各

细分行业投入产出实证分析》,《国际贸易问题》2011 年第 4 期。

[3] 郭炳南、黄太洋:《比较优势演化、全球价值链分工与中国产业升级》,《技术经济与管理研究》2010 年第 S2 期。

[4] 刘志彪、吴福象:《贸易一体化与生产非一体化——基于经济全球化两个重要假说的实证研究》,《中国社会科学》2006 年第 2 期。

[5] 卢峰:《产品内分工》,《经济学(季刊)》2004 年第 1 期。

[6] 卢明华、李国平:《全球电子信息产业价值链及对我国的启示》,《北京大学学报》(哲学社会科学版) 2004 年第 4 期。

[7] 邱斌、叶龙凤、孙少勤:《参与全球生产网络对我国制造业价值链提升影响的实证研究——基于出口复杂度的分析》,《中国工业经济》2012 年第 1 期。

[8] 吴建新、刘德学:《全球价值链治理研究综述》,《国际经贸探索》2007 年第 8 期。

[9] 张辉:《全球价值链动力机制与产业发展策略》,《中国工业经济》2006 年第 1 期。

[10] 张少军、刘志彪:《全球价值链模式的产业转移——动力、影响与对中国产业升级和区域协调发展的启示》,《中国工业经济》2009 年第 11 期。

[11] Arndt, Sven W. , 1997, Globalization and the Open Economy [J] . *North American Journal of Economies and Finance*, Vol. 8 (1), pp. 71 – 79.

[12] Athukorala, P. , 2006, Product Fragmentation and Trade Patterns in East Asia [J]. *Asian Economic Paper*, Vol. 4 (3), pp. 1 – 27.

[13] Dean, J. , Fung, K. and Wang, Z. , 2007, Measuring the Vertical Specialization in Chinese Trade [R] . *U. S International Trade Commission*, *Office of Economics Working Paper*, No. 2007 – 01 – A, pp. 1 – 56.

[14] Feenstra, Robert C. , 1998, Integration of Trade and Disintegration of Production in the Global Economy [J] . *Economic Perspective*, Vol. 12, pp. 31 – 50.

[15] Gaulier, G. , Lemoine, F. and Unal – Kesenci, D. , 2007, China's Integration in East Asia: Production Sharing, FDI and High – Technology Trade [J] . *Economic Change*, Vol. 40, pp. 27 – 63.

[16] Grossman, Gene M. and Elhanan Helpman, 2002, Integration versus Outsourcing in Industry Equilibrium [J] . *Quarterly Journal of Economies*, Vol. 117 (1), pp. 85 – 120.

[17] Hummnels David, Jun Ishii, Kei Mu Yi, 2001, The Nature and Growth of Vertical Specialization in World Trade [J] . *Journal of International Economics*, Vol. 54, No. 1, pp. 75 – 96.

[18] Jones, Ronald W. , Henryk Kierzkowski, 2005, What Does Evidence Tell Us about Fragmentation and Outsourcing? [J] . *International Review of Economics and Finance*, Vol. 14 (3), pp. 305 – 316.

[19] Koopman, Robert, Wang Zhi, 2008, How Much Chinese Exports Is Really Made in China: Assessing Foreign and Domestic Value – added in Gross Exports [R] . NBER Working Paper, No. 14109.

[20] Stehrer, Robert Neil Foster, Gaaitzen de Vries, 2012, Value Added and Factors in Trade: A Comprehensive Approach [R] . WIOD Working Paper, No. 7.

日本农协的发展历程及启示

马 军 孙大鹏

摘 要 在日本的农产品流通体系中，日本农协扮演着举足轻重的角色。作为世界闻名的综合性农民合作组织，日本农协为日本的农业现代化做出了巨大贡献，其成功经验和目前的困境对我国农产品流通体系的建设具有重要启示。本文通过对日本农协的性质、职能、发展历程、成功经验及现存问题的梳理与分析，认为我国应当从三个方面吸取日本农协的经验教训：其一，综合性农村合作组织能够成为我国落实农业政策的抓手；其二，适度的农协规模可以兼顾竞争效率与规模经济；其三，发展综合性农村合作社的首要任务是建立农村金融合作组织。

关键词 日本农协 农产品流通 农业现代化

中国大陆位于东亚地区，与这一地区的韩国、日本以及中国台湾地区有着很多相似之处，其中最重要的就是地少人多，而且农业生产规模小且分散，土地经营多以家庭为单位。这就造成了农产品流通的两个端点——庞大的农产品市场需求与小且分散的农产品生产不匹配。针对这一特点，不同国家摸索出了各自的经验，而日本作为亚洲经济发展程度最高的国家，其农产品流通体系适应了自身的自然地理条件和制度约束，较好地实现了农民增收、满足市场需求、食品安全、价格稳定和较强的国际竞争力等几方面的任务。同时，对中国的农产品流通体系建设具有重要的启示与借鉴意义。

之所以说农产品流通模式的日本经验对中国的借鉴意义重大，是因为在农业的"小生产"与"大市场"这一点上双方十分类似。针对私有化以及兼并严重的土地所有制造成的地主和佃农严重的阶级对立，日本战后（1947年）进行了以"耕者有其田"为目标的农村土地改革，明确规定了农民所拥有的土地不能转让，并且土地出租也被法律明文禁止。这个规定当然旨在保

[作者简介] 马军，中国人民大学社会与人口学院博士生，研究方向为组织社会学；孙大鹏，东北财经大学工商管理学院博士生，研究方向为流通经济。

[基金项目] 本文系教育部哲学社会科学研究重大课题攻关项目"农产品流通体系建设的机制创新与政策体系研究"（12JZD025）阶段性成果。

护农户的土地权益，避免像土地改革以前一样被剥夺，但实际上却影响了土地的利用效率，特别是在农村城市化、村庄空洞化、农民非农化、兼业化、人口老龄化等现象日趋严重之后。因此可以说，日本的农业生产在土地所有权方面非常缺乏规模经济。[1] 众所周知，日本的农产品质量、价格与精细加工程度都达到了较高水平，其农业生产现代化进程也走在世界前列（尤其是小农机的应用）。[2] 那么，日本的农产品流通体系，是如何解决生产环节的分散问题的？答案是，日本建立起了世界闻名的综合性农民协作组织——日本农业协同组合联合会（Japanese Agricultural Cooperative，JA，简称日本农协）。它代表分散的小农利益与政府和大工业谈判，使农民的利益得到保障，并且成为日本农业现代化和政府落实农村发展政策最重要的推动力量。

一　日本农协的结构与性质

日本农协，是一个综合性的农业合作社组织，其成员包括日本 99% 的农民以及大量的农产品流通相关产业人员。它在日本建立起了庞大的网络，为农民在生产、销售、信贷、保险、教育、医疗、农村公共设施和农业生产技术指导等方面提供了全方位的服务和保障。日本农协的组织架构分为全国（全国农业协同组合中央会，简称 JA 全中）、都道府县（省级行政单位）和市町村级协同组合，与日本政府的行政结构一致。其组织架构如图 1 所示。

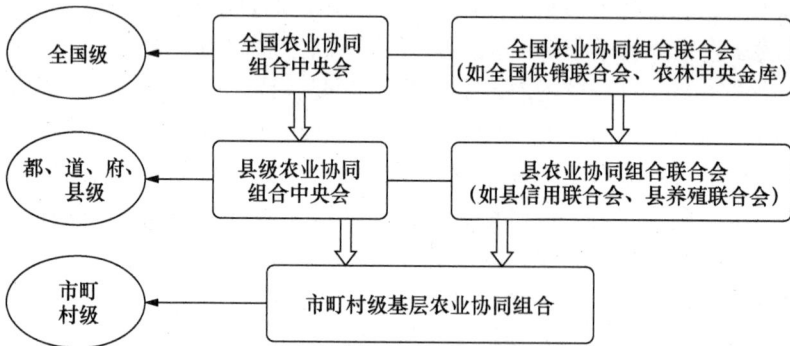

图 1　日本农协组织结构

资料来源：魏国辰、肖为群：《基于供应链管理的农产品流通模式研究》，中国物资出版社 2009 年版，第 52 页。

---

[1]　当然，日本政府也意识到了这一点。1958 年，日本《经济白皮书》中就提出小农经营已不适应现代化发展的需要，1961 年的《农业基本法》、1962 年和 1970 年的《土地法》修正案废除了对农业租佃的限制，鼓励出租和承租土地。然而时至今日，日本农民土地所有权分散的问题依然存在。

[2]　温信祥：《农业现代化的日本经验》，《中国金融》2014 年第 11 期。

　　日本农协，就其性质而言，可以说具有企业与非政府组织（NGO）的双重特点：首先，农协的经营管理是按照企业经营的法律法规进行的。例如，它采取参加者投资入股的方式，股东投票产生董事会，再由董事会选择职业经理人负责具体事务；农协的职员由招聘而来并且领取工资；农协拥有自己的生产加工设备、储藏设施、运输、销售系统及其他有关设备，通过经营业务收取手续费，并且在信贷、保险事业方面获得营业收入。其次，农协又是农民合作社，代表农民的利益，成为日本政坛的重要游说团体。同时，农协介入农民的生产和生活领域，对农民从多方面进行指导，其宗旨是为农民服务，而不是为了赚取利润。在农协组织中，不管股金多少，都是一人一票。农协的盈余依照组合成员和农协的业务多少、规模大小，按比例返还给组合成员。

　　日本农协的会员分为正式会员和准会员。按照日本《农业协同组合法》规定，凡耕种 0.1 平方公里以上土地，每年从事农业生产 90 天以上的农民都可以自愿向农协入股成为正式会员[①]，正式会员约占日本全国农协会员的70%。为了在农产品的运输、销售以及金融领域取得支持，日本农协同时吸纳准会员。准会员可以是个人，也可以是事业团体单位，为日本农协在农产品经营等方面提供了重要支持。

二　日本农协的职能

　　日本农协的经营业务分为以下几个方面：

　　第一，指导事业，即在农业教育、农业经营乃至于农村生活等方面为农民提供信息服务和指导。

　　第二，经济事业，包括购买事业和贩卖事业，即生活生产资料的统一购买和农产品的统一销售，以及农村公共设施的设置等。

　　第三，信用事业，通过农协信联和农林中央金库（以下简称农林中金）为农民提供金融信贷服务。

　　第四，共济事业，即农业保险业务，为农民抵抗自然灾害等方面提供保险服务。

　　第五，厚生事业，即为了保障会员的健康而开展的医疗保健服务。

　　第六，利用事业，即公共设施服务，共同购置、建设仅靠社员个人难以购置、建设的设备和设施，以供农协社员共同使用，社员只需缴纳使用费。

　　第七，其他事业，包括加工服务、旅游服务、农业经营受托事业服务、为农协会员代理农地的出售服务、平整住宅用地、建造和管理租借住宅服务，

----

　　① 李中华：《日本〈农业协同组合法〉的解读与初探》，《农业经济》2002 年第 12 期。

以及土地改良服务等。①

可以看出，日本农协对于日本农民生产生活领域全面介入，称得上是"与农共存"、"无所不在"。这种从摇篮到坟墓的全方面照顾使日本分散的小农利益集聚在农协这个大单位中，不仅让农产品的生产者获得了更大的渠道权力，而且为农民提供了安全感和归属感。无怪乎这一综合性的农民合作组织得到了农民的高度参与和支持。那么，笔者不禁思考：日本是如何建立起农协的？日本的农民为何要选择农协这种形式去发展现代农业以及保护自身的利益呢？

三　日本农协的发展历程

日本农协的建立和发展离不开国内的自然经济条件和历史路径，它是日本为了应对自明治维新以来不断出现的农业危机而由农民自发建立起来的。农协的发展和成熟则是随着技术进步以及国际国内市场环境不断改变而进行的。日本农协自1900年颁布《产业组合法》以来，已成立了115年。日本农协对日本农业以及国民经济发展，在不同时期做出了不同的贡献。可以说，如果没有日本农协，第二次世界大战后日本严重的食品短缺问题是不可能解决的，日本农业的状况会更加严峻。

（一）第二次世界大战前的产业组合

1868年明治维新以后，日本开始追赶西方列强的发展进程。然而，在农业方面，日本的改革仅仅停留在提炼传统农业技术上，虽然这也对农业增产起到了作用，但没有实质性的技术创新。日本政府对这一点有所认知，因此，在1900年左右，开始了农业现代化进程：首先是生产力方面。日本的国立大学普遍设立农学专业，政府在各地建立农林渔业实验场所，从事农业科技推广。其次是生产关系方面。日本向德国学习，由农民自发建立了农业合作社，当时称为"农业产业协同组合"，标志着小农经济走向了组织化。1900年，日本政府制定了《产业组合法》，鼓励发展产业组合以改善农村流通。值得注意的是，这时的日本农协主要从事农村信贷金融合作，而非生产合作。这是有特定的历史因素的——自德川幕府建立以来，商业资本对日本农民的榨取就非常严重，导致日本农民长期受到高利贷者的盘剥，使得农村社会关系极度紧张。在这种背景下，农民自发建立起来的合作社第一步就是要解决农业生产的资金问题。自农协建立以后，共济共助的民间信贷服务使得高利贷很快就从日本农村经济中消失了。

---

① 王功兴：《关于日本农协的考察报告》，http：//www. caein. com/index. asp？NewsID = 24601 &xAction = xReadNews，2007年6月6日。

第一次世界大战后，受世界经济大萧条影响，日本农村经济疲软。为了促进农村经济复兴，当时的政府提出了"自力更生、相互扶助"的口号，推动农村经济自力更生运动，其具体内容就是鼓励并扶持产业组合的发展，并开始允许它同时经营流通业务和金融业务（此前兼营二者是被禁止的）。此时产业组合已成为政府农业政策的具体实施手段之一。[1]

（二）第二次世界大战后的困难时期

第二次世界大战战败后，日本国内经济几近崩溃。在美国占领当局主持下，日本进行了艰难的农地改革。日本政府继 1945 年 12 月 28 日公布第一次《农地改革法》后，在盟军总司令部的敦促下，又于 1946 年 10 月 21 日发布了第二次《农地改革法》。此次改革废除了地主制度，改为"耕者有其田"的自耕农制度。为了保卫土改成果，防止农村土地兼并，日本政府将各地分散的农协统筹合并，建立起全国范围的农业产业联合组织。这一时期，日本粮食严重短缺，国内农业工作的中心问题是如何促进粮食增产，确保粮食供应。为此，日本政府决定继续执行战时的粮食统购制度，农民必须将生产的粮食全部通过农协出售给国家，农协成为农村唯一的粮食流通渠道。当时农协的主要任务：一是围绕流通和金融领域，为农民提供生产资料，例如，肥料、农具等及资金信贷服务以促进粮食增产；二是配合政府执行粮食统购政策，以确保粮食供应。农协既是农业服务组织，又是政府粮食统购政策的实际执行者。[2] 农协在战后日本经济困难时期，是为了服务于带有军事管理性质的粮食流通政策的。上文提到，日本政府是通过农协来统筹全国粮食生产和销售的，那么农协必须建立起从中央到地方的行政单位，因此也可以说，这一特殊时期成就了日本农协的全国性组织架构。

（三）第二次世界大战后经济复苏时期

进入 20 世纪 50 年代后，随着共产主义事业在中国的节节胜利、朝鲜危机以及"冷战"态势加剧，美军占领当局放松了对日本的经济和军事限制，"非军事化"和"民主化"改造最终虎头蛇尾。军火和一般贸易订单的大量输入使得日本经济出现复苏，日本农业经济也出现回暖。随着粮食的不断增产，日本国内粮食短缺问题得到了缓解。随之出现了粮食的相对过剩。与此同时，工业快速发展带动城市居民收入上升，工农、城乡差距开始加大。来自农协等农业团体要求政府保护农业的呼声高涨起来。日本政府于 1961 年制定了《农业基本法》，希望通过提高农业劳动生产率来实现工农收入均衡。

---

[1] 这一点是值得关注的，在下文中，笔者将对它的意义重点分析。
[2] 李显刚、石敏俊：《日本农协的历史贡献、存在问题及发展趋势》，《中国农村经济》2001 年第 3 期。

同时，在农协的游说下，日本政府实行了农产品价格保护政策，日本的农业开始进入迅猛发展阶段。进入 20 世纪 70 年代以后，农协进一步发展成为农民利益的代表以及政府农业政策抓手的双重角色。例如，由于大米大量过剩，政府开始推出减少稻米种植面积的结构调整政策，农协则是结构调整政策的实际执行者。自 20 世纪 50 年代以来建立起全国性组织的农协在日本经济复苏的大背景下开始正式介入日本的政治领域，初步具有了"财阀"的一些特点，能够在一定程度上左右日本的政治生态。

（四）国际化时期

20 世纪 80 年代是日本经济腾飞的时期，这一时期大量国外的农产品进入了日本市场，日本农业受到贸易自由化的冲击，农产品自给率逐年下降。在生产资料购买和农产品销售过程中，农协经济事业的赤字逐年扩大，农协经营对其共济、信用（保险、信贷）事业的依赖程度越来越深，农协作为一个综合经营团体的特色日益明显。由于农民收入提高，农业生产出现资金短缺的现象减少，日本农协面临的新问题是：如何有效运用农户手中的资金。因此，农协在继续围绕为农民提供农产品销售和生产资料购买等流通领域服务的基础上，通过开拓金融业务，一方面为农民提供生产所需的资金保障；另一方面能够有效地运用农户的存款，保值增值并向农户返还红利，为农民提供资产管理服务。这段时期是日本农协产业转型的重要时期。农协作为农户的经营代理人，在农业生产、销售和农民的资产管理方面全面接手，出现了越来越多的企业化经营的特点。

（五）新政策时期

到了 20 世纪 90 年代，随着泡沫经济的崩溃，日本经济一蹶不振。在这个时期，日本政府推出了一系列振兴经济的政策，其中之一便是放松金融管制。在此之前，农协一直以来得到很多优惠待遇，例如，日本农协有政府巨额的财政信贷支持，比其他法人纳税少 10%，等等。以往得到优惠待遇的农协信用事业和共济事业部，不得不开始与其他商业金融机构站到同一起跑线上进行平等竞争（当然，日本农协依然享有很多特殊权益）。而雪上加霜的是，1995 年日本政府颁布了新的《粮食法》，持续了半个世纪的粮食统购制度宣告结束，日本农协在农产品流通领域的垄断地位被打破，农协流通业务赤字逐年增加。我们知道，日本农协在进入 20 世纪 80 年代后其运营的主要资金来源已经不是社员的手续费，而是金融领域的收入。金融环境和流通制度的变化使农协金融面临着新的挑战。近年来，日本农协也在不断地进行自身的改革以适应不景气的经济形势。总之，当今的日本农协在继续发挥农民利益的代言人、政府农村经济发展政策的抓手和农户经营代理人的三重功能的同时，不得不开始为自身的生存而忧虑。

四　日本农协遇到的问题

2015 年 1 月，据日经中文网报道，日本政府确定了将在 1 月的例行国会上提出《农业协同组合法》修正案框架。统管日本全国农协组织的日本全国农业协同组合中央会（JA 全中）的指导及监察等权限将在三年内全部废除，转换成自愿性团体。通过废除 JA 集团内 JA 全中的强制约束力，进而促使地区农协和农户在农作物的价格、服务及流通渠道方面自由竞争。[①] 这份报道同时指出，废除 JA 全中的指导监察权也意味着日本农协中央组织从此无权收取指导费用（每年约 80 亿日元）。在此之前，2014 年 6 月，日本内阁会议通过的《规制改革会议第二次报告》也对农协制度进行了修改，在农协系统内引入了竞争机制，同时将日本农协的金融业务从农协中剥离出来，甚至将农业合作社性质改为股份制企业，可谓釜底抽薪。

日本内阁近期针对农协所进行的改革也从一个侧面说明日本农协近年来的确遇到了相当大的问题。农协经过一百多年的发展历程，形成了大而臃肿的全国性组织，其业务涉及面广、雇员众多、机构复杂，自然在与企业的竞争中缺乏灵活性和效率。具体而言，日本农协除即将面临的改组与失去金融业务问题外，还包括：第一，会员忠诚度下降，大户出现离社倾向。自粮食统购政策结束后，日本的农产品流通体系开始多样化发展，农协的垄断地位被打破，使得原来的农户对农协的忠诚度下降，并开始寻求更富有利润的销售渠道。另外，农协的决策原则是社员一人一票，而对于骨干农民（生产大户）来讲，参加农协有时意味着贡献大而收获少，自然出现离会倾向。这对于本来就出现赤字的经济事业来说无异于雪上加霜。第二，经营困难。在经济业务出现大量赤字的基础上，前文提到日本放松了金融管制，近期安倍政权也提出了新自由主义经济学量化宽松经济政策，农协金融业务进一步受到打击。本来日本农协的资金收入来源就是它的金融业务，而各地方农协难以消化农户手中的游离资金，因此就过分依赖隶属农协中央会的农林中央金库（以下简称农林中金）的龙头作用。近期日本政府又要试图将农林中金从农协体系中剥离，这就使得农协的资金来源受到严重威胁。

常言道：百足之虫死而不僵。日本政府想要效法其对邮政系统的民营化改革，但在庞大而具备相当政治影响力的农协头上实施恐怕并不会一帆风顺。一方面，农协自身也在不断地进行改革，例如合并改组机构、裁减人员、深化企业化经营制度；另一方面，日本举行统一的地方选举，执政党内部也有人指出，农协（尤其是 JA 全中）是必要的拉票机器，不宜对其过早动

---

① 《日本农协权限将在三年内全部废除》，http://finance.sina.com.cn/world/20150105/101621224314.shtml。

手——这一点体现了农协依然保存着相当的政治影响力；最后值得一提的是，日本的学界对日本政府对农协的"改革持反对态度——2014 年 9 月在杭州举办的"东亚农业合作发展国际研讨会上，与会的日本专家认为，将综合性农协改组为专业生产农协是对合作社基本原则的否定，综合农协是基于日本农村社会的实际情况与实际需要发展起来的，将综合农协改组为专业化农协以及市场化改革势必阻碍日本农民的组织化进程。[①]

五　日本农协经验对中国的启示

对于一个国家来讲，农业始终是立国之本。这个产业不仅关系到国民的吃饭穿衣，更关系着国家的战略安全。建立稳定而有效的农产品流通体系，发展农业现代化是每个国家都关心的重要课题。诚然，国情的不同使得学习国外经验受到一定限制，但这不能成为拒绝改革的借口，当然，也不能一味照搬。日本的历史文化条件与中国具有相似之处，地少人多、缺乏规模经济的农业生产现实便是两国同样面对的困难。然而，日本发展农业现代化的经验，从本质上说，是与我国截然不同的一种方式——日本的农业一直以来是整个国民经济的短腿，其现代化的方式主要依靠日本强盛的工业、商业经济的反哺以及巨大的政府农业补贴。2000 年，日本的农业产值占 GDP 的 1.1%，而政府的农业补贴则占 1.4%。[②] 可以套用国内学者的一个形象比喻——"大马拉小车"。我国的政府支农补贴远远达不到日本政府的力度，同时我国农业人口多，人均耕地面积少，农民教育水平低，农业生产技术落后，使得农业这辆"大车"进行现代化改造的代价更胜日本，那么生产环节的落后就会使得建设现代化的农产品流通体系缺乏支撑。

毫无疑问，中日两国的不同国情和历史发展沿革使得我国建设农产品流通体系要走一条与日本有所不同的路。但是，发展以家庭为单位、综合性的农民合作组织已经被世界历史所证明是组织农业生产最有效率的方式，所以说，日本农产品流通体系，尤其是日本农协的经验教训依然值得中国借鉴。具体而言，笔者认为，日本农协经验带给我们的启示有以下几点：

（一）综合性农村合作组织能够成为我国落实农业政策的抓手

前文提到，日本农协在一百多年的发展历程中，一直承担着政府农村发展政策抓手的角色。日本政府的支农资金始终通过农协来注入农业经济中，而农协为了获取这些资金，也必须配合政府的农业政策——简单来说，就是

[①]　刘颖娴：《2014 东亚农业合作社发展国际研讨会综述》，《中国农民合作社》2015 年第 1 期。

[②]　卢荣善：《经济学视角：日本农业现代化经验及其对中国的适用性研究》，《农业经济问题》2007 年第 2 期。

"政府花钱，农协办事"。日本的农业现代化与其说是农协的贡献，不如说是这种政府农协配合模式的贡献。这种模式为何能够成功？笔者认为，其中包含两个重要的逻辑：分工合作和创新主体。

首先，看分工合作的逻辑。众所周知，精细化的分工与合作能够提高劳动生产率。对于建设现代化农业以及农产品流通体系这一任务来说，分工同样能够提升效率。日本农协是与农共存的综合性合作组织，它对农村社会生产生活的介入近乎无孔不入，这就意味着农协作为日本农民的"娘家"，对农民的需求和现状有很高的了解程度，同时农协又具备统一的销售渠道和金融服务体系，非常适合成为政府落实农业政策的别动队。这样，缺乏农村权力渗透的政府与农业农村专家——日本农协就可以形成很好的配合，共同推动农业现代化进程。反观我国，从目前来看，我国实施农业政策的一线主体是乡、村一级的政府。遗憾的是，改革开放后，农村基层政权弱化，组织结构松散，组织行为缺乏有效的监督，农民对基层政府信任度较低。在笔者对东北地区大连、沈阳、通辽等市下辖的农村地区的调研经验来看，农村社会分化明显，农民普遍反映乡村干部存在截留农业补助款、贿选以及通过支农工程谋取私利的现象。在计划经济时代建立的农村政治治理模式失效后，又没有其他社会治理模式。因此，现阶段我国农村正式与非正式的公共治理出现了一定程度的真空，农民集团又有大而松散、无法共同行动的特点。美国经济学家奥尔森在《集体行动的逻辑》一书中说："有共同利益的个人组成的集团通常总是试图增进那些共同利益，这一点至少在涉及经济目标时被认为是理所当然的……尽管集团的全体成员对获得这一集团利益有共同的兴趣，但他们对承担为获取这一集体利益而付出的成本却没有共同的兴趣。"① 农民集团由于组织成本高，"搭便车"的人多而沦为"忍气吞声的集团"。有效率的综合性农村合作组织不仅有经济功能，也有政治与社会治理功能。它可以部分地弥补现有农村治理模式的不足，也是解决"三农"问题、落实政府农业政策、增加农民话语权的抓手。

其次，看创新主体的逻辑。经济学家熊彼特认为，经济发展的原动力是创新，而创新意味着资源更有效率的配置。在一个社会中，创新的主体是企业家，那么在农业生产领域中的企业家是谁呢？农民及从事农产品流通的商贩成为企业家却有很多障碍。

其一，农民与传统商贩缺乏开拓市场与创新的能力。由于我国农产品生产与流通的规模化、现代化水平低，松散的周而复始的简单循环经济使他们既缺乏创新的激励也丧失了创新的动力。

其二，农民和传统的商贩多为风险的厌恶者。而企业家精神除创新之外，更多的是勇于承担风险。从事农业生产的农民和从事传统农产品流通的商贩

---

① 曼瑟尔·奥尔森：《集体行动的逻辑》，上海人民出版社1995年版，第18页。

大多是中低收入群体，抗风险能力弱，而且长期封闭的环境也使他们在变幻莫测、不确定性很大的市场环境中很难做到目光远大、勇于冒险。

其三，物质资本与人力资本的缺乏。农民及传统商贩大多是小本经营，微利经营，能够掌握的资源非常有限，其收入在维持基本生存外积累很少，而根据低收入水平均衡理论，收入低往往意味着没有足够的储蓄转化为企业家所必需的物质资本。

此外，农民与商贩缺乏必要的培训，没有掌握管理现代企业的知识，同时也缺乏"干中学"积累的经验。从日本学者的研究结果来看，农民和商贩很难成为企业家，他们认为，农业领域的创新主体应当是政府，政府通过追加农业补助资金的方式完成资源的配置。支农资金的配置应当交给联合起来的农民法人。这样，政府就成为"不负风险的企业家"，这就是日本农协的指导理论。[①] 只有政府和综合性农村合作组织联合起来，才能成为农业经济发展的创新主体。笔者认为，政府应当做自己擅长的事情，将落实政策的任务"外包"给综合性农民合作社，只要抓住资金这一条线，同样可以将事情办好，并且节约了大量的行政成本。

（二）适度的农协规模可以兼顾竞争效率与规模经济

新古典经济学理论通常认为，农产品市场近乎一个完全竞争市场：买家和卖家都呈现原子化的特点，无力主导市场价格；产品同质化比较强，信息透明；进入该产业的门槛较低；价格形成是市场均衡的产物，且资源配置有效率。另外，完全竞争市场的对立面是完全垄断市场：买家或卖家仅有一家，完全垄断了交易市场；通过定价策略，垄断者能够侵占全部的消费者剩余或生产者剩余。对于如何更有效率地配置资源来说，二者各有利弊。完全竞争市场牺牲了规模经济，而完全垄断市场缺乏竞争的效率，这就是经济学中的"马歇尔冲突"，即竞争的效率和垄断的规模经济不能兼得。什么样的市场结构能够在规模经济和竞争效率之间保持平衡呢？世界经济的历史进程让答案浮出水面，那就是寡头垄断。少数大企业各自都具备相当的规模经济，而它们的市场竞争程度也相当激烈，因此同样形成了有效率的市场均衡价格，当然，前提是这几个大企业不存在合谋行为。[②]

日本农协的实践证明，通过综合性农民合作社的确增加了农业生产的规模经济。值得注意的是，这种规模经济的来源不是土地所有权的集中带来的，而是社会化服务带来的。因此可以看出，规模经济的来源不止一种，社会化服务的规模经济可以部分替代土地所有权的规模经济。然而，日本农协的问题是做过头了，它统合了日本99%的农民，使得自身成为一个巨型农产品生

---

① 东畑精一：《日本农业的发展过程》，1936年。
② 事实上，大企业的合谋行为难以做到，因为双方或多方都有打破合谋的激励。

产企业，在政府统购统销政策的帮助下，让日本农产品流通领域的初次交易市场成为一个近乎完全垄断的市场。我们知道，完全垄断市场资源配置缺乏效率，因此，日本的农产品价格长期居高不下，在使国民恩格尔系数较高的同时缺乏国际竞争力。另外，农协本身机构建设臃肿，业务效率不高，长期的垄断地位也使得农协缺乏活力。所以说，笔者并不完全赞同日本学者对农协改革的批评。笔者认为，日本政府近年来对农协的改革实际上就是引入竞争机制，力图塑造一个寡头垄断的农产品市场，相信日本农协在改革后会更具竞争力。

与日本农协垄断性太强相反，我国的情况是农产品生产与流通的产业集中度太低。2004 年的数据显示，我国农民人均耕地面积为 0.17 公顷，户均耕地面积不到 0.55 公顷。而同年日本农民人均耕地面积是中国的 5.7 倍，户均耕地面积是中国的 3 倍。同时，中国农产品的商品率只有 50%，自给自足的小农经济依然占很大比例。[①] 我国农产品的初次交易市场带有较强的完全竞争市场特点，农户是分散的，而收购农产品的"头道贩子"也是分散的，都具备原子化的特点。这样的市场模式从理论上看价格形成是有效率的。但是，农业生产由于信息不对称导致的市场失灵，经常出现"今年蒜你狠，明年蒜你贱"的现象。这对于农民来说代价格外高昂（价格大起大伏，增产不增收）。另外，现有的农产品生产和流通缺乏规模经济，意味着这个市场无法做大，更不用提产业升级和现代化了。借鉴日本农协的经验，我国发展适度规模的农村合作组织十分必要，它可以兼顾竞争的效率与垄断的规模经济。所以，中国的农业组织改革方向理应与日本相反，提高农民的组织化程度，形成若干具备一定规模经济的地区性综合合作社，最终让一个寡头垄断市场去调节农产品流通，实现效率和规模经济的平衡。当然，从长期来看，中国也应当警惕综合性农民合作组织规模过大所带来的弊端。

（三）发展综合性农村合作社的首要任务是建立农村金融合作组织

从第一次世界大战前日本农协兴起的历史来看，日本农协是从经营货币资本开始的。日本农民长期饱受高利贷盘剥的残酷现实，使得农民选择率先从金融领域组织合作社。日本农协的金融业务体现出了合作制的精髓，即存贷业务中的债权人和债务人都是农协成员。在开展信用合作的基础上，日本政府从 1930 年开始对农业注入货币资本，成为日本农民在危机中开展自力更生运动的重要推动力。1949 年，日本又把保险引入农业，农协可以开展以农民为客户的保险业务。时至今日，日本农村的金融结构仍然是以合作金融为主体，以策性金融为辅，而商业金融做补充。在农协体制内，日本农民的生

---

① 卢荣善：《经济学视角：日本农业现代化经验及其对中国的适用性研究》，《农业经济问题》2007 年第 2 期。

产生活基本不存在资金需求得不到满足的困难。例如，农协中有一项贷款名叫"娶媳妇"，农民可以贷款办酒席、备彩礼，还款年限长达 10 年，而且没有利息。还有一种贷款叫"体验学习"，为了让农民见世面，农协经常组织出国旅游。① 这类对农协会员的"免费午餐"源于日本农协的金融业务收入，例如，2010 年日本农协受理的保险额仅次于日本最大的日本生命保险公司，位居第二。

我国农民的生产生活长期存在着资金短缺问题，这直接影响了农民生活水平和农产品生产及流通。我国农民，特别是落后地区的农民资金短缺问题相当严重，正规的金融渠道（如农业银行、农村信用社等）难以满足广大农民的资金需求。因此，中国经济不发达地区农村经济中的高利贷成分依然占有相当的比例。以内蒙古通辽市某镇为例，90% 的农民选择依靠"民间信贷"解决生产生活需要的资金问题，而民间信贷的月利率通常是 1—2 分，部分贷款甚至达到 5 分、1 角。由于高利贷而致贫的农户不在少数。② 另外，我国农村民间信贷从客观上起到了"吸血"的作用，即民间信贷的资金多由城市居民贷给农民，获得的利息并不会回流用于农村生产生活的建设。而农村金融合作组织借贷双方都是农民，能够将资金留在农村。可以说，中国农村的高利贷经济不仅是加速社会分化的杠杆，也成为农业现代化的桎梏。因此，将民间信贷纳入正规金融体系，同时加速农村金融合作组织的发展进程十分必要。

我国已经出台了《农民专业合作社法》，该法部分地解决了长期制约农民合作社发展的法律地位、组织属性、利益分配与内部治理等问题。然而，笔者认为，单独搞专业生产型的合作社，如果没有足够的金融支持，那么合作社规模越大，资金就越短缺。事实上，除了日本农协，国外很多发展成熟的农民合作组织都是通过合作金融起步的。例如，西班牙的蒙德拉贡合作社首先建立起人民合作银行，以合作金融为核心进行多产业经营；北美达科他州、明尼苏达州和加拿大部分地区的新一代合作社通过高额入股、股金和交货合同可以转让等金融方式使合作社有了固定的资本存量。③ 农民合作组织的发展壮大，归根结底，必须自力更生，单纯依靠政策性的支农资金"哺乳"的合作社是无法真正起步的。所以笔者认为，从法律层面上，《农民专业合作社法》有待进一步完善，最终形成我国的《合作社法》。另外，日本农协的经验告诉我们，不仅在创立阶段合作金融的作用举足轻重，而且在合作社的成熟阶段，合作金融也是消化农民手中游离资金的重要渠道。从短期

---

① 董卿：《无所不在的日本农协》，http：//news. 163. com/10/0913/03/6GEC96O000014AED. html。

② 孙大鹏：《农村民间信贷网络中的社会资本——基于余粮堡镇农村民间借贷行为与生活的调查》，硕士学位论文，东北财经大学，2011 年。

③ 冯开文：《国外合作社经验纵横论——几个代表性合作社的最新举措及其对中国的启示》，《中国合作经济》2005 年第 8 期。

来看，农民合作社的资金短缺问题需要金融合作组织来应对，而从长期来看，当农业现代化发展到一定程度后，由于农民缺乏资产管理相关的专业知识和渠道，那么农村金融合作组织（类似于日本农协信联和农林中金）可以帮助农民投资理财。

在中国五千年的历史中，农民实际上从未联合起来成为一个真正的"自为阶层"。若想实现农业生产与农产品流通体系的现代化，就必须让农民真正地组织起来，与大市场、大工业进行对接。中国需要农民合作社，特别需要类似日本农协一样的综合性合作组织。

参考文献

[1] 温信祥：《农业现代化的日本经验》，《中国金融》2014 年第 11 期。

[2] 魏国辰、肖为群：《基于供应链管理的农产品流通模式研究》，中国物资出版社 2009 年版。

[3] 李中华：《日本〈农业协同组合法〉的解读与初探》，《农业经济》2002 年第 12 期。

[4] 王功兴：《关于日本农协的考察报告》，http：//www. caein. com/index. asp？NewsID = 24601&xAction = xReadNews。

[5] 李显刚、石敏俊：《日本农协的历史贡献、存在问题及发展趋势》，《中国农村经济》2001 年第 3 期。

[6] 刘颖娴：《2014 东亚农业合作社发展国际研讨会综述》，《中国农民合作社》2015 年第 1 期。

[7] 曼瑟尔·奥尔森：《集体行动的逻辑》，上海人民出版社 1995 年版。

[8] 卢荣善：《经济学视角：日本农业现代化经验及其对中国的适用性研究》，《农业经济问题》2007 年第 2 期。

[9] 孙大鹏：《农村民间信贷网络中的社会资本——基于余粮堡镇农村民间借贷行为与生活的调查》，硕士学位论文，东北财经大学，2011 年。

[10] 冯开文：《国外合作社经验纵横论——几个代表性合作社的最新举措及其对中国的启示》，《中国合作经济》2005 年第 8 期。

混合并购组合效应理论与反垄断政策研究

田明君

摘 要 在企业并购反垄断理论与政策中，混合并购竞争损害理论是一个颇具争议的课题，组合效应理论是欧盟反垄断当局分析混合并购反竞争效应的主要理论依据，该理论自产生以来备受争议。本文对组合效应理论的经济学逻辑和理论演进脉络进行了梳理和探究，结合典型案例，对组合效应理论在反垄断应用中的境遇和走向进行了剖析和探讨。

关键词 混合并购 组合效应理论 策略性搭售 反垄断政策

一 引言

在非横向并购控制方面，美国与欧盟最大的分歧体现在混合并购竞争损害理论上。对于混合并购的反竞争效应，美国依据的是潜在竞争原则，而欧盟则采取了一个截然不同的分析路径，将组合效应理论作为混合并购主要的竞争损害理论，并将应用于利乐案、通用电气案等一系列产生重大反响的案件中。组合效应理论自产生以来就备受争议，受到了美国反垄断当局及经济学者的批评与质疑，他们认为，混合并购的市场封锁理论缺乏坚实的经济学基础。如何看待组合效应理论？争议产生的原因何在？组合效应理论有没有经济学理论的支撑？组合效应理论在反垄断应用中的障碍何在？

二 组合效应理论及其争议

（一）组合效应理论的提出

相对于潜在竞争理论，混合并购组合效应理论是一个新兴的理论。20 世

[作者简介] 田明君，经济学博士，东北财经大学工商管理学院、讲师，主要研究方向为产业组织理论与竞争政策。

[基金项目] 本文系辽宁省教育厅人文社科重点研究基地项目"非横向合并反垄断审查中市场圈定效应的识别与评估研究"（2015175）的阶段性成果。

纪90年代末，该理论被欧盟反垄断当局采纳，近年来，逐渐成为欧盟分析混合并购的反竞争效应的主要理论依据。其基本原理如下：混合并购使并购后的企业扩大了产品范围，多种产品将会产生组合力量，并可能由此创设或强化市场支配地位，从而可能损害竞争。组合力量被认为源自多种品牌所产生的协同效应，从而使品牌组合的市场力量大于单个品牌的市场力量之和。组合效应理论的核心思想是策略性搭售理论，并购后，并购方的产品系列得以丰富，从而有助于企业在运营中实现规模经济和范围经济，能够使其在综合运用价格、促销和折价销售等方面具有更好的灵活性，因混合并购形成的组合力量使并购方具备通过搭售或捆绑销售等策略性行为延伸市场势力的能力和动机，并且增强了企业拒绝交易的威胁，从而有可能损害竞争。

在1997年的Guinness/Grand Metropolitan并购案中，欧盟委员会首次应用组合效应理论，在该案中，欧盟委员会认为，并购使并购后的企业扩大了其可供烈酒和与烈性酒相关产品的范围，产生了较大的组合力量，从而可能损害相关市场上的竞争，欧盟委员会最终加附条件批准了该起交易，要求交易双方剥离相关资产以消除因组合力量而可能造成的反竞争效应。此后，欧盟委员会在利乐案、通用电气案等多起混合并购案中运用了组合效应理论。

（二）组合效应理论的争议

在混合并购控制方面，美国与欧盟存在较大的分歧，组合效应理论受到美国反垄断当局及经济学者的批评与质疑。他们认为，混合并购组合效应理论缺乏坚实的经济学基础，策略性搭售对竞争的危害性是模棱两可的。2001年GE/Honeywell案中，欧盟在对组合效应理论应用引起了广泛的争议与质疑，就该案而言，联邦贸易委员会认为，并购方即使通过混合并购形成组合力量进行了搭售，并且创设或增强了市场支配地位，反垄断当局完全可以在并购后当主导企业滥用市场支配地位时再予以制裁，而不必本着采取防患于未然的原则，禁止这样的并购。

三　组合效应理论的经济学解释与批判

（一）组合效应理论的内核：能否通过搭售与捆绑延伸垄断势力

组合效应理论（portfolio effect theory）认为，在处于相邻市场的两家企业并购后，相互关联的市场上的产品可以形成组合，整合后的企业则可能有能力将不同市场上的产品关联起来，进行有条件的销售，从而利用自己在一个市场上的垄断力量传递到另一个市场，或者通过限制另一市场上的竞争而获利，即产生所谓的杠杆效应，具体方式则是并购后的企业从事捆绑销售、搭售或者其他排他行为，其中最重要的方式是搭售和捆绑销售。并购后的企业是否具备采取搭售等策略性行为的动机和能力？通过搭售与捆绑销售能否（或者在何种条件）延伸垄断势力？捆绑销售和搭售是否具有反竞争效应？对上述问题的回答成为组合效应理论的内核。

捆绑销售通常作为并购后的企业对产品进行定价的特定方式。按照其方式不同，捆绑销售可以分为纯粹捆绑销售和混合捆绑销售。纯粹捆绑销售是指产品仅按固定的比例一同销售。而混合捆绑销售则是指每一个产品均可以单独销售，但单独销售的售价总和比捆绑价格要高的情形。搭售通常是指购买一种产品（搭售产品）的顾客被迫同时从另一个制造商那里购买另一种产品（被搭售产品）。一般而言，搭售中的被搭售产品的数量没有限制；而捆绑销售中两种产品的数量比例是固定的。尽管存在上述区别，但事实上搭售与捆绑销售之间没有一个公认的界限，在很多情况下，二者可以通用。在本文的分析中，不对搭售和捆绑做进一步的区分，而是使用搭售这一提法。

传统的经济学理论与早期的反垄断实践将搭售与延伸垄断势力的杠杆理论联系在一起。杠杆理论通常被解释为企业利用其在一个市场上的垄断力量来获得另一个市场的垄断力量，具有杠杆作用的行为通常包括搭售、捆绑销售、排他性交易、拒绝交易等，其中，最突出是搭售（李剑，2007）。杠杆理论的基本观点是通过进行有条件的销售，垄断者改变了被搭售品的市场结构，将其由竞争市场变成了垄断市场，而市场结构的改变并不是因为垄断者提供了更好的产品或是更低的价格，而是由于垄断者在搭售品市场具有垄断力量，通过搭售将垄断力量加以延伸，从而在两个市场上获得额外的利润。尽管基于杠杆原理的传统搭售理论没有通过模型化得到严格的论证，但其却对反垄断政策产生了深远的影响，从20世纪初期开始，美国反垄断当局和法院依据杠杆理论对搭售案件适用本质违法原则，采取了相当严厉的态度，直到20世纪70年代末，政策才有所松动。实际上，从20世纪50年代起，不断有经济学家对杠杆理论提出批评，芝加哥学派颠覆了杠杆理论，对搭售进行全新的经济学解释，这再一次表现出经济理论与反垄断政策的背离与滞后。

（二）芝加哥学派对垄断势力延伸理论的批判

1. 单一垄断利润理论

对搭售的竞争效应进行深入的经济分析始于芝加哥学派。芝加哥学派认为，不存在垄断势力延伸问题，杠杆理论不能成立。芝加哥学派创始人之一Aaron Director（1956）最先对杠杆理论提出质疑，他认为，搭售通常情况下，有利于降低生产商、销售商和消费者的成本，保证产品质量、提高效率，而不应被视为一种垄断行为。

Bowman（1957）进一步批驳了杠杆理论。他认为，通常情况下，垄断企业无法通过搭售将市场力量向另一个市场延伸，搭售并不能增加企业的总利润。Posner（1976）和Bork（1978）在此基础上做了进一步的论证，最终形成了所谓的单一垄断利润理论模型（the single monopoly profit critiques）。①

该模型假设搭售品市场是垄断的，被搭售品 B 是完全竞争市场，两种产品具有互补性且以固定比例搭配使用。该模型的核心思想是：由于被搭售品市场是完全竞争的，企业只能以边际成本定价，在两个产品捆绑的情况下，垄断企业并不能够在被搭售品市场上获得额外的利润，消费者可以选择从其他供应商那里以竞争性的价格购买被搭售品，只要消费者对搭售产品和被搭售产品具有完美信息，消费者愿意为搭售品和被搭售品所支付的总价格不会超过搭售品的垄断价格和被搭售品的竞争性价格之和，企业获得的利润仍然是搭售品市场的垄断利润，也就是说，只有一个垄断利润可供攫取，搭售不仅不会增加利润，甚至还有可能降低其利润。单一垄断利润理论解释了为什么企业通常不将互补产品进行搭售。事实上，在很多情况下，在一个市场上拥有市场势力的垄断企业会从互补品市场的竞争中受益，互补品市场的竞争为整个组合创造了附加值，垄断企业通常能攫取一部分附加值。虽然单一垄断利润理论仅在特定的假定条件下成立，但其基本思想以及其背后的经济学逻辑则成为验证各种反竞争搭售理论合理性的一个有力工具。

2. 搭售的效率动机

如果杠杆理论不成立，搭售的垄断动机就不能成立，那么企业进行搭售的动机是什么呢？芝加哥学派对搭售行为的经济解释建立在新古典经济学价格理论的基础上，同时也借鉴了交易成本理论的相关观点，认为搭售是企业追求利润最大化的理性行为及对市场的不完善作出的反应，通常具有节约交易成本、提高资源配置效率的作用。搭售首先可以通过解决信息不对称来降低交易成本，搭售一方面可以带来生产和销售方面的规模经济和范围经济，从而降低产品成本；另一方面搭售节约了消费者评估某一产品独立组件的成本，通过搭售，消费者同时购买多个产品，相对于分别评估每一个产品组件，其总搜寻成本下降。此外，搭售还可以作为一种质量控制的工具，维护企业的声誉，搭售可以防止消费者错误地对组件进行组装或不匹配使用互补品，从而对基本产品的质量产生负面影响。在信息不完全的情况下，搭售是高质量生产商显示其产品质量的有效信号机制。

此外，芝加哥学派的 Aaron Director (1956)，Stigler (1968)，Schmalensee (1982)，McAfee、McMillan 和 Whnston (1989) 等认为，搭售可以作为价格歧视手段，当搭售品和被搭售品是互补品并且二者以非固定比例进行捆绑销售时，通过观察顾客对被搭售品的需求程度，企业可以就搭售品对不同消费者实施价格歧视，当搭售作为价格歧视的工具时，其福利效应是不确定的，一方面价格歧视会造成消费者福利向生产者转移，另一方面却能提高配置效率。芝加哥学派中的激进主义者甚至认为，搭售对竞争有益无害，主张对搭

---

① 该理模型同样可以用来解释纵向并购。

售应该适用本质合法原则（Bork，1978）。

（三）后芝加哥学派对垄断力量延伸理论的再造

1. 策略性搭售理论

20 世纪 90 年代，芝加哥学派的反垄断思想受到了后芝加哥学派的挑战。后芝哥学派认为，单一垄断利润理论是建立在严格的假设条件下的，其结论并不是强有力的，放宽假设条件则会得到不同的结果。后芝加哥学派的Whinston（1990）、Carlton 和 Waldman（2002）、Choi（2004）等学者吸收了博弈论和信息经济学的研究方法及相关理论，对搭售的竞争效应做了分析，从策略性行为角度出发，重新改写了垄断力量延伸的杠杆理论。他们认为，在某些情况下，搭售可以成为延伸垄断力量的工具，具有反竞争效应。按照反竞争效应影响的市场的不同，策略性搭售理论形成了两个分支：一是研究搭售对次级市场（被搭售产品市场）的影响；二是研究搭售对初级市场（搭售品市场）的影响。研究表明，在某些情况下，在搭售品市场具有垄断势力的企业具有通过搭售排斥潜在竞争对手进入被搭售产品或维护在搭售品市场垄断势力的激励。此外，策略性搭售理论还可以按其竞争损害的机理与机制来进行分类，主要可以分为以下三类：其一，搭售使企业有动力采取更为激进的竞争（价格）策略，减少竞争对手收入；其二，搭售对竞争对手构成了封锁，减少了消费者竞争对手产品的需求；其三，搭售降低了竞争对手研发投资的激励。后芝加哥学派的策略性搭售理论对欧盟的混合并购控制反垄断政策产生了深刻的影响。如果混合并购为并购后的企业提供了机会和动力采取反竞争的搭售策略，则并购可能会对竞争产生不利影响，策略性搭售理论在一定程度上为组合效应理论提供了经济学理论上的支撑。

2. 通过策略性搭售对被搭售产品市场形成进入威慑

Whinston（1990）是第一个构建动态博弈模型论证排他性搭售为什么有利可图，他将搭售与组合效应策略联系起来，认为在一定条件下企业可以通过策略性搭售对被搭售产品市场形成进入威慑，进而改变被搭售品的市场结构，实现垄断力量的延伸。Whinston 改变了单一垄断利润模型的假设条件，去掉进入成本为零的假设，假定被搭售品市场存在规模经济效应。Whinston模型假设存在两种产品，其中，A 是搭售品，B 是被搭售品，二者在需求上是独立的，A 产品的市场结构是垄断的，仅有一家生产者（企业 1），被搭售产品的市场结构是寡头的，有两家生产者（企业 1 和企业 2）。市场 B 采取的是伯川德竞争，即竞争对手之间的竞争变量是价格。市场 B 中产品的需求函数为：$q_i^B = D_i^B(p_i^B, p_j^B)$。

假定对产品 A 的需求是同质的，每个消费者对单位产品愿意支付的最高额为 v，企业 1 的单位成本是 c_1^A 和 c_1^B。企业 1 可以分别以 p_1^A 和 p_1^B 的价格提供两种产品，或者采取搭售策略，以 P 的价格提供整套产品。在不采取搭售的情况下，企业 1 在 B 市场的收益为：

$$\pi_1^B = (P_1^B - c_1^B) D_1^B (p_1^B, p_2^B) \tag{1}$$

在采取搭售的情况下，企业 1 在 B 市场的收益为：

$$\tilde{\pi}_1^B = (P - c_1^B - c_1^A) D_1^B (P - v, p_2^B) \tag{2}$$

由于存在搭售，产品 B 的隐含价格为：

$$P_1^B = P - v \tag{3}$$

将式（3）代入式（2），得到：

$$\tilde{\pi}_1^B = \{P_1^B - [c_1^B - (v - c_1^A)]\} D_1^B (P_1^B, p_2^B) \tag{4}$$

比较式（1）和式（4）可以发现，搭售改变了企业 1 对产品 B 的定价激励，在搭售情况下，如果企业 1 能够多销售出一个产品 B 就意味着其能够从市场 A 得到边际收益 $v - c_1^A$，由于这种交叉补贴效应的存在，企业 1 有动力在市场 B 通过价格竞争扩大其市场份额；相应的，企业 2 会受到影响，其销售额和利润下降，下降到一定程度甚至可能会不得已退出市场，由此垄断企业通过搭售排挤了在位竞争对手或者抑制了潜在竞争者的进入，从而使垄断企业得以在 B 市场获取额外的收益。

Whinston（1990）的分析显示，将搭售品市场的垄断势力延伸到被搭售品市场对企业是有利可图的。当被搭售品市场具有规模经济和不完全竞争特征时，将两个产品捆绑销售使在位企业形成了一个将在被搭售品市场采取更具攻击性行为的可信承诺，这会将竞争对手排斥在市场之外。在 Whinston 模型中，垄断势力延伸的机制是搭售策略的排斥（市场封锁）效应，通过搭售迫使被搭售品市场的竞争对手退出或是阻止潜在竞争者进入，改变了被搭售品市场的竞争结构，从而实现垄断势力的延伸。

在 Whinston 模型中，承诺的可信性具有重要意义，搭售的排他性效应要发挥作用，必须以企业的捆绑具有承诺可信性为前提，这种承诺可信性的实现要么通过产品设计，要么通过技术创新过程。除此之外，还有一点很关键，就是搭售品与被搭售品的关系，在 Whinston 模型中，两种产品不是互补品，A 产品不会从 B 产品的增值中受益，如前文所述，通常情况下，互补产品增强了垄断企业不进行搭售的动机，在这种情况下，垄断企业可以从产品 B 的市场竞争中受益，但当互补品 B 具有了其他用途时，则垄断企业又具有从事搭售的动机。

3. 通过策略性搭售保护搭售品市场垄断租金

Carlton 和 Waldman（2002）受微软案的启发，提出了旨在保护搭售品市场垄断租金的互补产品搭售模型。[①] 与 Whinston（1990）不同，Carlton 和 Waldman 把分析的重点放在搭售品市场本身，Carlton 和 Waldman 重新诠释了杠杆化理论，他们认为，在一定条件下，企业可以通过互补产品的策略性搭

---

① Carlton 在微软案中任原告之一的 Sun 公司的专家顾问。

售来阻止潜在竞争者进入搭售品市场，以维护在搭售品市场的垄断地位和垄断租金。

Carlton 和 Waldman（2002）构建了一个两时期动态模型，有两种产品：基本品（A 产品）和补充产品（B 产品），基本品能够单独使用，互补品只有在和基本品连接在一起时才能使用，如电脑和打印机。在位企业（企业 1）是 A 市场上的垄断者，同时参与 B 市场。潜在竞争者（企业 2）可以提供更好的补充品进入市场。补充品市场具有网络效应。博弈的次序：①在时期 1，在位企业做出承诺是否采取搭售策略；潜在竞争者决定是否进入补充品市场，如果进入市场，竞争将是伯川德竞争。②在时期 2，潜在竞争者做出是否进入基本品（A）市场或是同时进入两个市场（A 和 B）的决策。Carlton 和 Waldman 模型搭售排他性机制是在搭售品是互补品的情况下，能否进入一个市场取决于能否成功地进入其互补品市场。

Carlton 和 Waldman 模型（2002）的结论主要有两点：

第一，在一定条件下，搭售可以作为保护垄断企业在基本品市场上的垄断地位的工具，当潜在竞争者有可能进入基本品（搭售品）市场时，进入会耗散在位垄断企业的垄断租金，因此，在位垄断企业有激励通过在当前搭售垄断性互补品（被搭售品）以阻止潜在竞争者在未来进入基本品市场，以保护自己的垄断租金。

第二，搭售能够帮助垄断企业在一个新兴市场获得垄断地位。在 Carlton 和 Waldman 模型（2002）中，假定基本品市场是垄断市场，但由于技术的发展，时期 1 中的互补品在时期 2 将转变为基本品的替代品，由此产生一个新兴市场，对垄断企业的基本品构成威胁。垄断企业有动力通过搭售成为互补品市场的标准制定者，从而在新兴市场上取得控制权。

Carlton 和 Waldman 模型产生了深远的影响。在微软案中，微软公司之所以大力推广 IE，其目的不仅在于占领浏览器市场，IE 的主要竞争产品是网景公司的 Navigator，Navigator 同时还是 Java 程序语言的发布媒介，而 Java 可以使应用程序的开发摆脱操作系统的限制，Navigator/Java 平台直接对微软的核心业务——视窗操作系统构成了威胁，所以，微软不惜冒承受反垄断法律制裁的风险，采取搭售策略，大力打压网景公司。

在 Carlton 和 Waldman 模型中，网络外部性①是一个关键要素。搭售策略要发挥作用，首先要求进入被搭售品市场是成本高昂的，否则市场进入排斥战略将不具有可信性。当互补产品市场存在需求侧的网络外部性时，即使是不存在进入成本，在位企业垄断互补产品市场的激励仍然存在。在这里，网

---

① Katz 和 Shapiro 1985 年对网络外部性进行了较为正式的定义：随着使用同一产品或服务的用户数量变化，每个用户从消费此产品或服务中所获得效用的变化。网络外部性广泛存在于电信、航空等领域，是传统经济学中的外部性在网络系统中的表现。

络外部性具有与进入成本相似的作用。在 Carlton 和 Waldman 模型中，搭售行为的福利后果是不确定的。一方面，禁止搭售行为会促使其他企业进入互补品市场和基本品市场，在竞争者的产品更优的情况下，会提高消费者的福利；另一方面，其他企业进入互补品市场和基本品市场，会发生进入成本，这可能会导致过度投资，降低社会福利，而搭售则可以避免重复性投资的浪费。

4. 通过搭售降低竞争对手的创新激励

Choi（2004）、Farre 和 Katz（2000）等分析了搭售对创新激励的影响。分析显示，搭售是一个企业承诺采取更具攻击性的研发投资的方式，搭售具有降低竞争对手研发投资激励的策略效应。Choi（2004）的模型在进入决策和定价决策之间增加了一个中间阶段，变成一个三阶段博弈模型，在该阶段，企业对其研发投资进行决策。因为搭售使企业在市场竞争中变得更为激进，所以，其在研发投资上的动机增强了。同理可证，搭售策略降低了其竞争对手在研发方面的投入激励。

四 组合效应理论在反垄断中应用的境遇及走向

组合效应理论在欧盟反垄断实践中的应用始于 20 世纪 90 年代，在 1996—1997 年的三个案例——Coca－Cola/Amalgamated Beverages 合并案、Coca Cola/Carlsberg 合并案和 Guinness/Grand Metropolitan 合并案中体现了组合效应理论的早期应用。

（一）组合效应理论的早期应用：Guinness/Grand Metropolitan 并购案

1997 年 10 月，欧盟委员会附加条件批准了两家酒业巨头 Guinness 公司与 Grand Metropolitan 公司的合并案，该起交易金额高达 400 亿美元。在 Guinness/Grand Metropolitan 合并案中，申请合并的两个企业都是在全球市场上处于领先地位的酒类生产商，一方在杜松子酒销售上具有优势，但是在伏特加酒市场上较薄弱；另一方刚好与之相反。欧盟委员会认为，合并后企业的市场力量将增强，不仅是有能力向客户提供更广范围的产品；同时，占支配地位的企业将"……在定价、促销和折扣上拥有更大的灵活性。其将更有可能进行搭售，并且能够在销售和营销活动中实现规模效应。最后，其向客户提出的拒绝供货的威胁将更有力"。

欧盟委员会在 Guinness/Grand Metropolitan 并购案等一系列并购裁决中明确，企业产品范围深度和广度的危险性，尤其是其强势品牌组合本身即可导致或加剧市场支配地位。在 Guinness/Grand Metropolitan 案中，欧盟委员会就将供应商实力的增长、更大的定价灵活性、潜在的销售能力、经济规模以及市场范围归结为组合效应。

（二）组合效应理论的初次挫败：Tetra Laval／Sidel 并购案

Tetra Laval 公司（利乐）是一家总部位于瑞士的跨国公司，在无菌包装设备市场（ACP）上具有优势地位。Sidel 是塑料包装瓶设备（SBM）市场上的一个主要厂商。（利乐）拟收购 Sidel，2001 年 10 月，欧盟委员会对该起并购交易发出了禁止令，在该案中，欧盟委员会的理论依据就是组合效应理论。欧盟委员会认为，无菌包装设备市场（ACP）和塑料包装瓶设备（SBM）市场同属于液体包装行业，但这是两个不同的市场，它们之间存在一定的替代性，Sidel 对利乐构成一定的约束。并购使利乐 Laval 有可能将其在 ACP 市场上的支配地位延伸到 SBM 市场上，由于这种潜在的替代关系，利乐有可能并且有动力这样做。一方面，利乐有可能将 SBM 设备与无菌包装产品进行搭售；另一方面，由于消灭了一个潜在对手，利乐在无菌包装市场上的主导地位会得以加强。尽管合并方提出承诺，保证在未来 10 年利乐和 Sidel 将各自分别经营，且保证避免向客户同时提供纸盒包装产品和吹瓶机，但欧盟委员会认为，这些行为性承诺对于恢复持续的有效竞争条件是不适当的，没有解决集中引起的市场结构的持久变化问题，欧盟委员会因而禁止了该起并购。

并购双方向 CFI 提起上诉。法庭认为，欧盟委员会在并购案件中对经济学事宜的评估具有自主决定权，然而必须对其禁止并购的决定提供足够的有说服力的证据。在本案中，欧盟委员会必须证明禁止并购的基础，所谓的组合效应在不久的将来会创设或增强涉案企业的支配地位，并且会显著地损害相关市场上的竞争。此外，评估反竞争效应还必须考虑到所有的激励因素及相应的抵消因素。而且利乐在上诉过程中承诺并购后不搭售，法院认为，欧盟委员会在评估合并企业未来产生支配地位的可能性时应将并购方提出的行为性承诺考虑进去。基于以上两点，CFI 没有支持欧盟委员会的决定，宣布禁令无效，委员会也因败诉接受了利乐提出的行为性救济条件，欧盟委员会最终有条件地批准了该起并购。

（三）组合效应理论的争议与反思：通用电气/霍尼维尔案

通用电气/霍尼维尔并购案：通用电气是一家总部设在美国的跨国公司，其业务范围涉及飞机发动机、飞机配件、发电设备、照明、医疗设备、工业服务等多个领域。霍尼维尔是商用飞机和小型喷气机航空电子及其他配件的主要供应商。2000 年年初，通用电气宣布收购霍尼维尔的全部股份，收购标的额高达 420 亿美元，如果成功，将成为全球最大的制造业并购案。2000 年10 月，美国和加拿大分别批准了该项并购案，但欧盟于 2001 年 7 月否定了该起并购。

该起并购涉及飞机发动机、航空电子、非航空电子、电动机控制器、电力系统等多个产品市场，该案分别具有横向并购、纵向并购和混合并购三个维度，但以纵向和混合两个维度为主，其中引发广泛争议的是混合并购维度。在该案中，组合效应成为欧盟委员会关注的焦点。通用电气与霍尼维尔的产品在很大程度上具有互补性，并购后的企业能够提供的产品范围包括发动机、航空电子和非航空电子产品以及相关的售后服务，产品门类之齐全远超过其竞争对手。欧盟委员会认为，通用电气在大型商用飞机的发动机市场上具有支配性地位，而霍尼维尔在航空电子设备和非航空电子设备领域具有领导地位。合并将会使新企业能够捆绑销售这些互补性产品，这一战略会导致价格折扣，使合并后企业获得高于其竞争者的无可匹敌的竞争优势。这种竞争优势会导致竞争对手的退出，进而增强合并后通用电气的市场支配地位，欧盟委员会做出上述论断的主要理论依据是组合效应理论。根据该理论，欧盟委员会认为，通用电气和霍尼维尔并购后有能力以更大幅度的折扣向客户打包出售品类更为全面的产品组合，并购后的企业具备的在其互补性业务之间的交叉补偿能力和通过打包销售的方式获得的竞争力势必对航空电子产品的其他竞争者的盈利能力产生影响并侵蚀其市场份额，从而有可能导致现有竞争对手退出市场，并购产生的组合力量不仅能够增强并购后企业的市场支配地位，而且还具有产生组合效应、排挤竞争对手的反竞争效应。

欧盟委员会禁止了该起并购，并购双方向 CFI 提起上诉。并购双方的上诉没有成功，主要是由于该起并购在横向和纵向方面已无法通过反垄断审查，但在混合维度，由于委员会没能提供有说服力的证据证明并购方有足够的动力去从事搭售，从而没有获得法庭的支持。

（四）组合效应理论的蜕变与进展：欧盟非横向并购指南

2007 年 11 月底，欧盟委员会颁布了《企业间非横向并购指南》，这是欧盟关于并购控制的反垄断法律制度的重大进展。欧盟《企业间非横向并购指南》中对于混合并购的竞争分析，吸收了组合效应理论的主要观点，同时也对相关的理论争议给予了充分考虑。该指南的基本态度是，混合并购在大多数情况下不会对竞争带来负面影响，极少数情况下才可能损害竞争。该指南在评估一起混合并购时，分别从促进竞争和反竞争效应两方面入手，混合并购的反竞争效应也分为协调性效应和非协调性效应两方面。该指南对混合并购非协调性效应分析的重点放在考察并购后企业可能实施的搭售或捆绑等（排他性）策略行为对竞争的影响上。并购后企业的产品系列得以丰富，在一定的市场条件下，企业具有通过搭售延伸市场势力的能力和动机，从而可能损害竞争。该指南比照纵向并购的非协调性效应，从能力—动机—效果三方面对混并购可能导致的搭售行为的竞争效应进行了分析。

除欧盟外，组合效应理论在其他国家的反垄断实践中也经常得到应用，例如，2003 年澳大利亚竞争与消费者保护委员会（Australian Competition and Consumer Commission，ACCC）否决了可口可乐 Amatil 公司收购 Berri 公司的交易申请，就应用了组合效应理论。①此外，组合效应理论也体现在部分国家的并购指南中，包括英国、澳大利亚、加拿大近年修订的并购指南中对混合并购的反竞争效应分析，其基本观点和分析思路与欧盟非横向指南大体相同。

参考文献

[1] 奥利弗·威廉姆森：《反托拉斯经济学》，张群群、黄涛译，经济科学出版社1999年版。

[2] 辜海笑：《美国反托拉斯理论与政策》，中国经济出版社2005年版。

[3] 黄勇、蒋涛：《非横向企业并购的反垄断规制：以欧盟〈非横向并购指南〉为基础展开》，《清华法学》2009年第2期。

[4] 霍温坎普：《联邦反托拉斯政策：竞争法律及其实践》第3版，许光耀、江山、王晨译，法律出版社2009年版。

[5] 克伍卡、怀特编：《反托拉斯革命：经济学、竞争与政策》，林平、臧旭恒等译，经济科学出版社2007年版。

[6] 邓峰：《传导、杠杆与中国反垄断法的定位——以可口可乐并购汇源反垄断法审查案为例》，《中国法学》2011年第2期。

[7] Bernheim, B. D. and M. D. Whinston, Exclusive Dealing [J]. *Journal of Political Economy*, 1998 (106), pp. 64 – 103.

[8] Bork, R. H., *The Antitrust Paradox: A Policy at War With Itself* [D]. Basic Books: New York, 1978.

[9] Carlton, D. W. and M. Waldman, The Strategic Use of Tying to Preserve and Create Market Power in Evolving Industries [J]. *RAND Journal of Economics*, 2002 (33), pp. 194 – 220.

[10] Choi, J., Antitrust Analysis of Mergers with Bundling in Complementary Markets: Implications for Pricing, Innovation, and Compatibility Choice. Department of Economics Michigan State University Mimeo, 2003.

[11] Choi, J. P. and C. Stefanadis, Tying, Investment, and the Dynamic Leverage Theory [J]. *RAND Journal of Economics*, 2001 (32), pp. 52 – 71.

[12] Church, Jeffrey, The Impact of Vertical and Conglomerate Mergers on Competition, Report for DG Competition, European Commission, http://europa. eu. int/comm/ competition/ mergers/others/#study, 2004.

[13] Denicolo, Vincenzo, Compatibility and Bundling with Generalist and Specialist Firm [J]. *Journal of Industrial Economics*, Vol. 48, 2004, pp. 177 – 188.

[14] Gilbert, R. and D. Newbery, 1982, Preemptive Patenting and the Persistence of Monopoly [J]. *American Economic Review*, 72, pp. 514 – 526.

[15] Hylton, K. N. and M. Salinger, Tying Law and Policy: A Decision – Theoretic Approach [J]. *Antitrust Law Journal*, 2001 (69), pp. 469 – 526.

---

① 该案与可口可乐和汇源并购案有诸多类似之处，这一案例，对中国商务部裁决汇源并购案起到了一定的参考作用。

［16］Nalebuff, B. J. and S. Lu, A Bundle of Trouble – Bundling and the GE – Honeywell Merger ［D］. Yale School of Management Mimeo, 2001.

［17］OECD, Portfolio Effects in Conglomerate Mergers ［J］. *OECD Journal of Competition Law and Policy*, 2002, Vol. 4, pp. 54 – 147.

［18］Reynolds, R. J. and J. A. Ordover, Archimedean Leveraging and the GE/Honeywell Transaction ［J］. *Antitrust Law Journal*, 2002 (70), pp. 171 – 198.

［19］Whinston, Michael D. , Tying, Foreclosure, and Exclusion ［J］. *American Economic Review*, 1990, 80 (4) .

［20］Whinston, M. D. , Exclusivity and Tying in U. S. v. Microsoft: What We Know, and Dont Know ［J］. *Journal of Economic Perspectives*, 2001 (15), pp. 63 – 80.

海归创业地点选择的影响因素研究
——基于问卷调研的实证分析

曹志来 李 丹

摘 要 海归创业为中国经济社会发展和创新驱动发展战略增添了活跃的新元素。海归归国创业进行创业地点选择时，各地的优惠政策并不是吸引海归的全部因素，当地的政治、经济、文化、融资等因素也是海归重点关注的。对于海归创业者进行创业地点选择时更为关注哪些因素，本文通过调研、访谈、资料收集等方式，归纳总结出影响海归创业地点选择的重要因素，以此形成调查问卷并收集数据，进一步采用结构方程模型进行实证分析。研究结果表明：城市环境和海归创业者的社会资本这两方面因素对其创业地点选择有显著影响，进而提出吸引海外归国创业者选择本地创业的政策建议。

关键词 海归创业者 创业地点 创业环境 社会资本 创业政策

一 问题的提出

20世纪90年代开始，海归回国创业的人越来越多，在美国纳斯达克上市的中资企业中，绝大多数都是由海归创立经营的。海归的专业技术优势与双元文化的经历使其在新兴与高新技术领域创业比较具有优势，海归创业为中国经济社会发展和创新驱动发展战略增添了活跃的新元素。首先，海归创业推动了中国各领域创新和发展，不仅拓展了包括IT、互联网、新技术、新经济等在内的新领域发展视野，同时也推进了传统产业的变革。其次，海归创业企业大多属于高技术领域，企业内部招揽了大量高科技人才，对促进中

［作者简介］曹志来，东北财经大学经济与社会发展研究院副研究员，研究方向为产业经济、战略管理；李丹，中山市经济研究院。

［基金项目］东北财经大学校级科研项目（DUFE2014J25）、辽宁省教育厅人文社会科学研究项目（W2010119）和教育部人文社会科学研究青年基金项目（10YJC630013）。

国技术进步、提高国内企业创新水平有较大的推动作用。再次，海归掌握着先进的管理经验、与国外大公司的合作关系和较广的人际关系，是国内企业开拓国际市场的桥梁。最后，海归创业推动了中国当代的创业大潮和创业文化氛围的形成，特别是对于中国从计划经济向市场经济过渡过程中塑造新的创业文化起到了积极作用。

在充分认识海归创业对中国社会经济发展的积极作用的背景下，中央政府及各层次地方政府都在各尽其能地采取措施吸引海外留学人员回国创业。中国留学人员创业园达150多个，在孵企业达8600多家。仅北京就已经建成了包括海淀、北大、清华、中关村丰台园、中关村国际孵化园等在内的12个留学生创业园区，设立了"北京市留学人员创业奖"和"回国留学人员创业专项资金"，奖励优秀的海归创业人员。上海已建成科技创业孵化基地、莘闵、漕河泾、宝山、虹桥临空、张江、莘莘学子、杨浦、嘉定等10个留学人员创业园，并首创"一门式、一条龙"办法，为留学人员申办企业提供便捷服务。广州拥有包括广州软件园、广州国际生物岛、广州科学城、广东光谷、留学人员广州创业园以及广州国际企业孵化器等在内的10个留学生创业园，并实施了颁发"绿本"，提供户口申报、申办企业等"一站式"服务。除以上国内一线城市外，其他城市也纷纷出台优惠政策，吸引海外回国人员到当地创业。

从中央到地方制定的政策可谓全面周到、倾尽所能，当然，希望这些政策的实施能够真正吸引海外人员回国创业。然而结果显示，各地吸引海归"建业安家"的能力明显存在严重的不均衡现象。据慧博研究院《中国2007海归人才现状调查报告》，八成海归倾向在北京创业，选择上海的占两成，排在第二位；其次为深圳、广州、成都和西安。由此可见，海归在进行创业地点选择时，各地的优惠政策并不是吸引海归的全部因素，当地的政治、经济、文化、融资等因素也是海归重点关注的。那么，海归创业者在进行创业地点选择时更为关注哪些因素？旨在吸引海外人员归国创业的各级政府应采取什么有针对性的政策措施？

二　文献综述与研究假设

（一）文献综述

Gartner（1985）所构建的创业研究框架认为，创业领域的研究主要包括创业环境、个人、组织和创业过程四个维度。由于创业环境自身结构以及内外作用机理的复杂性，以及政府部门的高度重视，针对创业环境的研究越来越得到学者们的关注。

Gnyawali 和 Fogel（1994）认为，创业环境是影响创业的众多因素的总和。国内外很多学者都试图对创业影响因素进行全面的归纳。Bruno 和 Tye-bjee（1982）认为，风险资本、供应商、技能娴熟劳动力和创业者、接近消费者和新市场、人们的生活水平、政府支持、接近大学等教育机构、交通便利、可充分利用支持服务、土地和设施、人们对于创业态度都对创业有一定的影响。Manning 等（1985）认为，创业由一些决定性因素、联系和关键成功特征组成。其中，决定性因素是区域性的而不是国家整体性的。其所指的决定性因素有居民特点：一是技能、经验、积极性和创造性；二是技术经验：大学和科研机构的数量；三是可识别的市场机会；四是公共或私人地方组织不设置障碍；五是充足且负担得起的资源、空间、技术工人、原材料、锻炼培训和信息，而且这些决定性因素隐含的假设是数量充足且容易获得。创业过程的联系是指联系创业过程正式或非正式的网络，在某种程度上，我们可以将其视为社会资本。蔡莉等（2007）将创业影响的环境要素划分为直接匹配要素和间接匹配要素，直接匹配要素是指提供资源的环境要素，包括资金、技术和人才环境要素。间接匹配要素是指保障资源获取的环境要素，包括政策法规、中介服务体系、文化、市场、信息化、社会资本等。

近年来，随着关于创业影响要素的研究逐渐深入，学者们致力于在前期研究的基础上进行评价研究，其中 GEM 模型得到普遍认可。该模型将促进一国经济增长的内在因素分为一般条件和创业条件，前者是促进现有企业的发展条件，后者是促进创业活动的条件。该模型中，创业环境部分包括金融支持、政府政策、政府项目、教育和培训、研究开发转移、商业环境和专业基础设施、国内市场的开放程度、有形基础设施的可得性、文化及社会规范九个方面的内容。

根据大量的文献，我们归纳出影响海归创业地点选择的主要因素，探讨包括城市环境要素（包括金融环境、政策环境、基础设施、智力支撑、商务环境）、文化氛围、社会资本对海归创业地点选择的影响。

（二）研究假设

创业资金是创业的基础条件。调查显示，资金缺乏是中国海归创业者的主要"瓶颈"。Crosa 等（2002）认为，金融资本是创业的支撑性因素，而且对创业企业的后续发展也很重要。Kayne 等（1999）发现，获取创业资本尤其是权益性资本至关重要，国家可以通过鼓励金融机构为创业企业提供融资服务来促进创业。创业机会协会（Association for Enterprise Opportunity，AEO）也认为，地方可以通过资金扶持来支持创业和完善创业环境。

随着区域对创业作用认识的深入，各国和地方纷纷制定创业政策来促进创业发展。何云景、刘瑛和李哲等（2010）在明确了创业政策、创业环境之间的关系的基础上，认为创业政策属于创业环境的范畴。Tamásy（2006）通过分析德国三个典型地区的创业状况，认为政府促进创业活动的措施可以培育创业态度和激发创业行为。方世建和桂玲（2009）指出，政府部门可以通过促进创业政策、创业教育和培训扶持、减少进入退出障碍、对初创企业进行商业支持、融资、针对性的目标群体政策六种方式促进创业。

关于创业与基础设施之间关系的论述，主要有三种观点：其一是基础设施通过促进经济发展进而促进创业；其二是认为基础设施的发展是创业繁荣的结果，滞后于创业发展；其三是认为基础设施改善与创业活跃程度是相伴而生、互为因果的关系。金凤君（2004）指出，基础设施可以通过改善生产、生活环境、提高劳动生产率来促进创业企业增长。杨军（2000）论证了基础设施是创业企业增长的构建，是促进创业的基础条件。

郭元源等（2006）指出，科研系统为创业企业提供了可能转化为商业价值的研究成果，教育系统则提供了创业所需的人才储备。Kirchhoff 等（2007）通过回归模型研究发现，研发投入（包括政府和私人投资）通过间接知识溢出效应促进新企业的创办。Armington 和 Acs（2002）对美国典型工业区创业率的研究发现，人力资本对创业具有重要意义，在受教育水平普遍较高的地区更容易创办企业。

商务环境是影响投资者进行商务投资行为的经济、管理、科技、社会、法规等因素的总和。Feldman 等（2005）对硅谷产业集聚现象研究发现，政府政策促使创业者在当地进行创业活动，大量的创业企业成功的典型榜样效应吸引更多的创业企业，当达到一定规模形成产业集群后会营造优良的创业环境和创业氛围来进一步促进创业活动。产业集群的规模经济、技术扩散、低廉的交易成本、知识外溢效应、资源共享往往对创业者构成强大的吸引力。程晨和孟醒（2009）通过海归人才区位选择影响因素的实证研究得出结论认为，海归人才的流入与否与当地的经济、政治、科技、社会环境高度相关，其中经济因素发挥着决定性的作用，提出加快城市建设和经济发展，提高市场化水平以吸引海外人才。

中国区域发展严重不均衡，发达城市的金融环境、政策环境、基础设施、智力支撑和商务环境等城市整体水平较高，而落后地区的整体水平则相对较低。鉴于此，基于以上包括金融环境、政策环境、基础设施、智力支撑、商务环境对海归创业地点选择影响的论述，本文提出如下假设：

假设 1 城市环境（包括金融环境、政策环境、基础设施、智力支撑和商务环境）对海归创业地点选择有显著正相关影响。

文化环境对创业的影响表现为区域内人们所共享的价值体系对创业的态度，转化为支持或阻碍创业活动的行为。目前，关于文化对创业的影响，一方面关注文化对创业者人格特质的影响，另一方面则关注区域的文化环境特点对创业活动的影响。Begley 和 Tan（2001）对比东亚和央格鲁—撒克逊国家的创业活动发现，亚洲国家对社会地位的认可促使东亚的创业活动较之西方更为活跃，而对创业失败的羞耻感降低了东亚国家的创业积极性。对创新价值的高度认可使西方国家比东亚更倾向于创业，对拥有工作的认同感则阻碍了东亚国家的创业热情。吴凌菲和吴泗宗（2007）认为，不同文化环境中成长的人们的创业倾向不同，中国沿海地区相对于内陆地区有着较为积极的创业态度。此外，文化环境的各种维度还会影响创业机会的发现、评价和利用。如权力距离较大且强调和谐一致的文化环境，阻碍了创业机会识别；不同文化环境对创业的支持态度也影响创业者对创业机会的评价。

假设 2   文化氛围对海归创业地点选择有显著正相关影响。

自社会资本、社会网络等社会学领域的概念被借鉴到创业研究以来，社会资本对创业的作用逐渐得到了重视。有研究表明，创业者的社会资本会影响创业者的某些人格特质和心理，进而对创业者的创业决策产生影响。如 De Carolis 和 Saparito（2006）通过实证研究发现，创业者的社会资本的某些特征（结构洞、信任、强关系、编码和语言共享）会影响创业者的认知偏离（如过度自信、控制错觉、过度代表性），从而降低创业者的风险意识，致使创业者更敢于开发创业机会。范良聪和罗卫东（2009）借用普特南的观点，将社会资本界定为包括信任、规范和社会网络。其中，信任有助于在创业过程中获取信息，降低交易成本，方便战略执行；规范有助于鼓励创业，避免地方保护主义，避免违约行为等，促进产生更多创业行为；社会网络的宽度和深度对资源的获取数量及质量产生很大的作用。在企业创建阶段，社会资本可以使创业者以低于市场的价格获得创业资源，创业团队内关系好坏影响创业团队组建和决策效率，同时也与各创业者初始投入多少有很大的相关性。创业者的初始资金大部分也都是通过社会资本渠道获得，并且有研究表明，与创业投资家或机构有直接或间接关系的创业者更容易获得融资。王栋和陈永广（2010）的研究表明，企业家与当地政府建立良好的关系，可以更方便地获得政府政策、法律法规支持。社会资本积累的网络信任可使企业建立良好的客户、供应商、分销商关系。对于正处于经济转轨时期发展中的中国来说，完全的市场机制尚未建立，存在大量的资源是通过非市场与非政府的非正式渠道配置，在这样的现实背景下，创业者社会资本对创业地点选择将显现出更为显著的影响，基于此，我们提出如下假设：

假设 3   海归社会资本对海归创业地点选择有显著正相关影响。

基于以上分析，我们提出了假设 1、假设 2 和假设 3 三个假设，阐述了城市环境因素、文化氛围、海归社会资本对海归创业地点选择的影响，理论模型如图 1 所示。

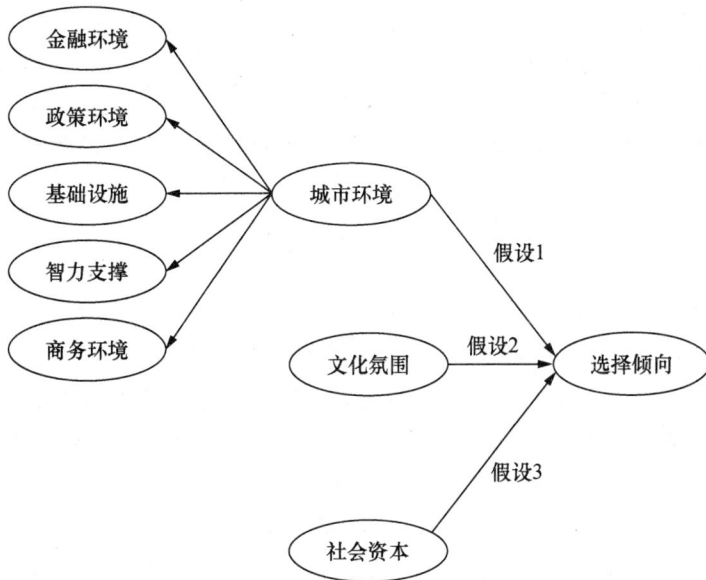

图1　理论模型

三　问卷设计与样本检验

（一）问卷设计及调查

1. 问卷设计

本文调查问卷主要包括两部分，第一部分为海归创业者的基本信息，包括年龄、性别、学历、专业领域、创业地点等；第二部分用于测量海归对其创业地点环境的评价及选择该地创业的倾向程度，该部分的所有题项均采用李克特七维度量表，即从非常不同意到非常同意分别记1—7分。创业地的金融环境、政策环境、基础设施、智力支撑、商务环境和文化环境六大环境要素的测量量表是在 GEM 创业环境量表的基础上，结合海归人员创业的研究背景、相关理论综述及访谈收集资料整理、设计。社会资本要素的测量综合赵晓东和李晓博（2008）以及钟碧忠（2010）等编制的量表。创业地点选择倾向程度的测量采用自编自制的量表，共设计三个问题：①相对于其他城市，您更愿意在该市创业；②相对于其他城市，您更愿意推荐别人在该市创业；③相对于其他城市，如果您再次选择创业地点，您更愿意选择该城市。

2. 问卷调查

本文选择海归创业者采用问卷调查的方式收集一手数据资料。主要采用以下两种途径发放问卷：一是与地方海归创业园管理机构取得联系，由管理机构相关负责人将问卷发放给海归创业者，海归创业者填写完毕后交由管理机构相关负责人集中收回，通过邮寄或邮件的方式反馈回来；二是借助社会关系，采用滚雪球式的问卷发放方式，通过亲朋好友发放并回收纸质或电子版问卷数据。本次调研为期 6 个月，共发放问卷 220 份，回收问卷 187 份，其中有效问卷 143 份，问卷回收率 85%，问卷有效率 76%。

（二）样本结构

参与本研究调研的海归创业者的创业城市涉及全国各大、中、小城市，由于受到研究人员人际关系网络及各地创业园对调研态度的影响，回收问卷中创业地点的选择较不均匀，以大连市居多。具体城市分布如表 1 所示。

表 1　　　　　　　调查对象创业地点分布表　　　　　单位：%

城市	北京	上海	广州	深圳	武汉	沈阳
回收率	5.6	2.8	12.0	8.5	2.1	6.3
城市	西安	成都	杭州	重庆	大连	其他
回收率	1.4	2.1	1.4	1.4	36.6	19.0

注：因为四舍五入，百分比之和不等于 100%。下同。

被调研海归的出国地点包括美国、澳大利亚、日本、英国、新加坡和加拿大六国，上述六个国家比例分别为 26.6%、21%、18.2%、11.2%、4.9% 和 4.2%。其他海归创业者及创业企业信息描述性统计如表 2 所示。

（三）信度检验及效度

本文主要采取 KMO 检验、巴特勒（Bartlett）球形检验及因子分析对问卷进行效度检验，采用 Cronbach's α 进行信度检验，主要应用 SPSS13.0 进行数据处理。

KMO 检验和巴特勒球形检验结果如表 3 所示，KMO 检验统计量的值为 0.884，按照 Kaiser 的度量标准适合做因子分析，球形检验的 Sig. 值小于 0.05，数据呈球形分布。

因子分析及 Cronbach's α 系数统计分析结果如表 4 所示。因子分析结果显示，问卷量表内容可归为 7 个因子，大部分因子载荷达到 0.5 的要求，对于两个未能达到要求的观测变量将在后续的结构方程分析中予以剔除。各因子的 Cronbach's α 系数均大于 0.7，各测量量表的信度达到要求。

表 2   **样本描述性统计**   单位:%

创业者人格特征		频率	创业企业特征		频率
性别	男	72.20	行业	电子信息	18.10
	女	27.10		软件	18.10
年龄	18—24 岁	0.70		生物医药	17.40
	25—34 岁	40.10		制造业	9.70
	35—45 岁	47.20		文化创意	6.30
	46 岁以上	10.40		教育	4.20
学历	大专	1.40		咨询	9.70
	本科	28.50		服装	2.10
	硕士研究生	57.60		其他	11.10
	博士研究生	11.80	回国创业时间	一年以下	3.50
专业	理工类	43.80		1—2 年	22.90
	经济管理类	25.70		3—4 年	31.30
	医药生物类	13.20		5—6 年	22.90
	教育、法律等人文专业	11.10		6 年以上	18.80
	其他	4.90			

表 3   **KMO 检验和巴特勒球形检验**

检验		0.884
巴特勒球形检验	Approx. χ^2	3833.187
	df	780
	Sig.	0.000

表 4   **海归创业地点选择影响因素的问卷及信度检验**

因素	序号	调查问题问句	因子载荷	Cronbach's α 系数
融资环境	A01	相对于其他城市，在该市创业的融资渠道较多	0.67	0.859
	A02	相对于其他城市，在该市创业更容易获得政府资金扶持	0.65	
	A03	相对于其他城市，在该市创业更容易获得金融机构贷款	0.74	
	A04	相对于其他城市，在该市创业更容易获得民间资本投资	0.65	

续表

因素	序号	调查问题问句	因子载荷	Cronbach's α 系数
融资环境	A05	相对于其他城市，在该市创业更容易获得创业投资资金	0.71	
	A06	相对于其他城市，在该市创业更容易获得创业投资担保	0.66	0.859
	A07	相对于其他城市，在该市可以得到更好的银行服务	0.44	
政策环境	B01	相对于其他城市，该市的海归创业支持政策力度更大	0.72	
	B02	相对于其他城市，该市的海归创业支持政策更有效	0.67	
	B03	相对于其他城市，该市的政府支持创业项目更多	0.67	0.887
	B04	相对于其他城市，该市海归创办企业程序更简便	0.72	
	B05	相对于其他城市，该市政府部门的办事效率更高	0.66	
	B06	相对于其他城市，该市的海外留学人员创业园支持更有效	0.66	
基础设施	C01	相对于其他城市，在该市有更完善的基础设施（道路、通信、公用设施）	0.71	
	C02	相对于其他城市，在该市有较为充足的水、电、气等基础能源供应	0.78	
	C03	相对于其他城市，在该市能够以更快的速度获得水、电、气等基础能源	0.8	0.897
	C04	相对于其他城市，在该市获得通信（电话、互联网）服务的费用更低廉	0.79	
	C05	相对于其他城市，在该市能够以更快的速度开通通信服务	0.79	
智力支撑	D01	相对于其他城市，该市有更多数量的科研机构	0.72	
	D02	相对于其他城市，该市有更多数量的高等教育机构	0.68	
	D03	相对于其他城市，该市更容易获得创业所需的人力资源	0.66	
	D04	相对于其他城市，该市更容易获得相关技术、知识培训课程	0.63	
	D05	相对于其他城市，在该市新技术、新科学和其他知识能够更快地向创业企业转移	0.63	0.902
	D06	相对于其他城市，在该市更容易接触新技术、新研究	0.79	
	D07	相对于其他城市，在该市更容易获得新技术或新研究	0.66	
	D08	相对于其他城市，该市可以得到更好的专业法律和会计服务	0.42	

因素	序号	调查问题问句	因子载荷	Cronbach's α 系数
商务环境	E01	相对于其他城市，该市有创业相关产业集聚优势	0.66	0.840
	E02	相对于其他城市，该市的市场规模更大	0.66	
	E03	相对于其他城市，该市的进入壁垒更小	0.72	
	E04	相对于其他城市，该市更容易找到供应商、分销商、咨询机构	0.72	
文化氛围	F01	相对于其他城市，该市文化氛围更鼓励创新创业	0.75	0.769
	F02	相对于其他城市，该市文化氛围更容易接受外来文化	0.58	
	F03	相对于其他城市，您的背景与该市文化氛围的差异更小	0.54	
社会资本	G01	相对于其他城市，在该市有更深的亲朋关系网络	0.66	0.797
	G02	相对于其他城市，在该市有更深的政府关系	0.62	
	G03	相对于其他城市，在该市有更深的社团等组织关系	0.62	
	G04	相对于其他城市，在该市的社会资本关系异质性更高	0.64	
	G05	相对于其他城市，在该市更容易建立新的社会关系	0.53	
	G06	相对于其他城市，在该市更容易实现共享价值观	0.64	
	G07	相对于其他城市，在该市更容易获得信任	0.69	

（四）结构方程模型的样本检验结果

本文使用 AMOS7.0 软件进行验证性因子分析及结构方程模型分析。

1. 验证性因子分析

（1）各一阶潜在变量的验证性因子分析。经过验证，潜在变量融资环境、政策环境、基础设施、智力支撑、商务环境、文化氛围、社会资本、选择倾向对应的观测变量的因子载荷全部介于 0.5—0.87 之间，各测量模型的整体拟合度较好，具体各拟合度评价指标值如表 5 所示。

表5   测量模型拟合指数

融资环境	绝对拟合				智力支撑	绝对拟合			
	χ^2	P	RMSEA	GFI		χ^2	P	RMSEA	GFI
	11.17	0.19	0.05	0.97		20.2	0.09	0.06	0.96
	相对拟合指标					相对拟合指标			
	NFI	NNFI	CFI	IFI		NFI	NNFI	CFI	IFI
	0.97	0.97	0.99	0.99		0.97	0.97	0.99	0.99
政策环境	绝对拟合				文化氛围	绝对拟合			
	χ^2	P	RMSEA	GFI		χ^2	P	RMSEA	GFI
	10.43	0.17	0.06	0.98		—	—	0.53	1
	相对拟合指标					相对拟合指标			
	NFI	NNFI	CFI	IFI		NFI	NNFI	CFI	IFI
	0.98	0.98	0.99	0.99		1	1	1	1
社会资本	绝对拟合				商务环境	绝对拟合			
	χ^2	P	RMSEA	GFI		χ^2	P	RMSEA	GFI
	14.63	0.2	0.05	0.97		0.81	0.67	0	1
	相对拟合指标					相对拟合指标			
	NFI	NNFI	CFI	IFI		NFI	NNFI	CFI	IFI
	0.95	0.95	0.99	0.99		1	1	1	1
基础设施	绝对拟合				选择倾向	绝对拟合			
	χ^2	P	RMSEA	GFI		χ^2	P	RMSEA	GFI
	11.41	0.02	0.1	0.96		—	—	0.79	1
	相对拟合指标					相对拟合指标			
	NFI	NNFI	CFI	IFI		NFI	NNFI	CFI	IFI
	0.97	0.97	0.98	0.98		1	1	1	1

（2）城市环境测量模型的二阶验证性因素分析。鉴于中国区域发展环境存在整体差异，且二阶验证性因素分析模型能够更简单地描述数据之间的关系，本文对包括金融环境、政策环境、基础设施、智力支撑、商务环境在内的各一阶构念进行了二阶验证性因素分析。分析结果显示，所有观测变量和一阶潜在变量的载荷值的临界值均大于2.58，并达到显著水平，这表明该模型的收敛效果较好；各阶因素载荷介于0.57—0.90之间（见图2）；模型的各拟合度考察指标均较好，结果如表6所示。

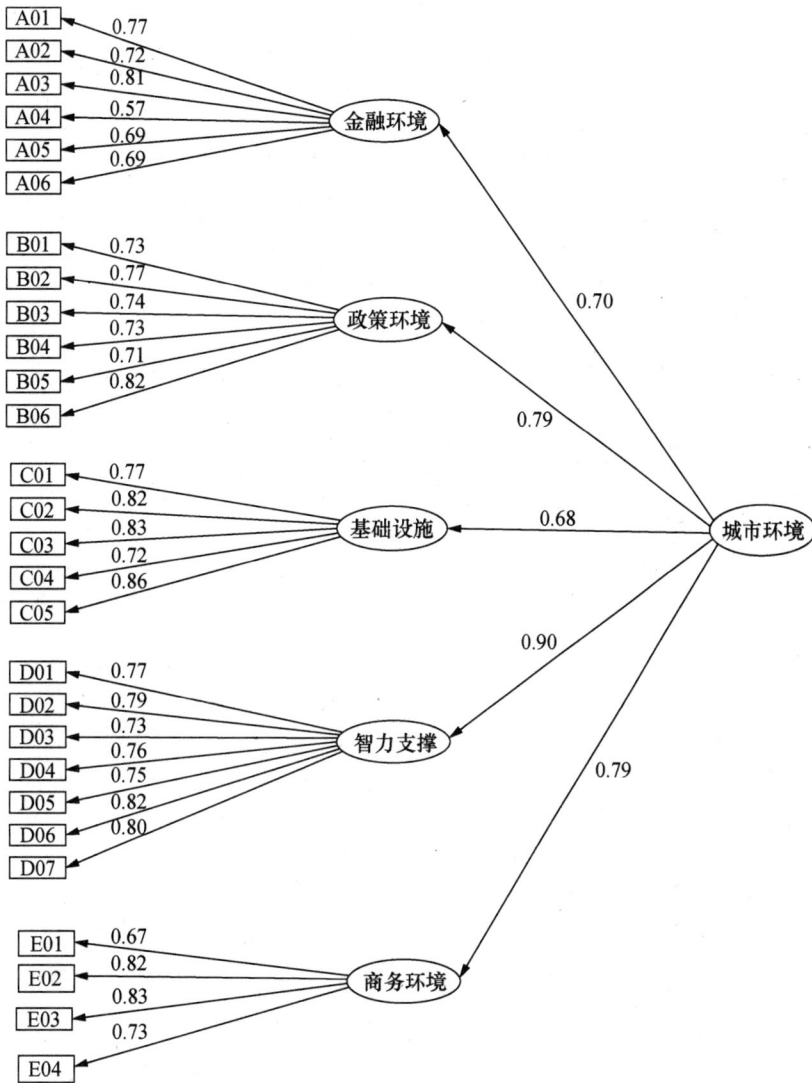

图2 城市环境二阶验证性因素分析测量模型

表6　　　　城市环境二阶验证性因素分析拟合指数

	绝对拟合			
	χ^2	CMIN/DF	RMSEA	GFI
二阶验证性因素分析	518.49	1.53	0.06	0.80
	相对拟合指标			
	NFI	NNFI	CFI	IFI
	0.83	0.83	0.93	0.93

2. 结构方程模型分析

表7为模型标准化的路径系数、临界值及P值,表8为结构方程模型拟合度各指标值。AMOS统计结果显示,本文假设模型各项拟合指标均达到要求,模型的拟合度较好。根据路径分析结果,我们得出以下研究结果:

(1) 假设1通过验证。假设内容是"城市环境对海归创业地点选择有显著正相关影响"。AMOS统计结果显示,两者之间相关系数为0.92(见图3),临界值6.91>2.58,P<0.01,这与预期相一致。

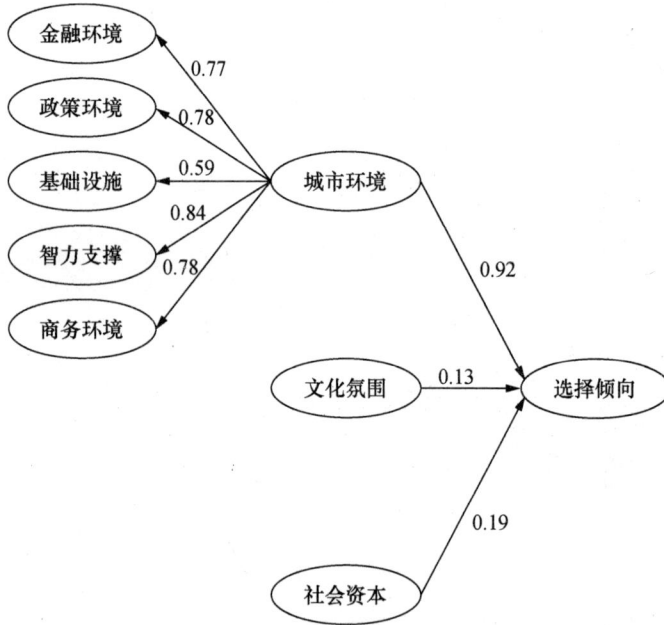

图3 结构方程模型

表7			路径系数		
路径			标准化回归系数	C. R	P
金融环境	<---	城市环境	0.80	5.62	***
政策环境	<---	城市环境	0.78	6.92	***
基础设施	<---	城市环境	0.59	5.67	***
智力支撑	<---	城市环境	0.84	7.11	***
商务环境	<---	城市环境	0.79	—	—
选择倾向	<---	城市环境	0.92	6.91	***
选择倾向	<---	文化氛围	0.13	1.25	0.21
选择倾向	<---	社会资本	0.19	3	***

（2）假设 2 未通过验证。假设内容是"文化氛围对海归创业地点选择有显著正相关影响"。AMOS 统计结果显示，两者之间相关系数为 0.13，临界值 1.25 < 1.96，P > 0.05，这与预期不一致。

（3）假设 3 通过验证。假设内容是"海归社会资本对海归创业地点选择有显著正相关影响"。AMOS 统计结果显示，两者之间相关系数为 0.19，临界值 3 > 2.58，P < 0.01，这与预期相一致。

表8   结构方程拟合指数表

	绝对拟合			
	χ^2	CMIN/DF	RMSEA	GFI
结构模型	1115.92	1.50	0.06	0.78
	相对拟合指标			
	NFI	NNFI	CFI	IFI
	0.81	0.81	0.93	0.93

四 结论与政策建议

（一）研究结论与讨论

对于海归创业地点选择影响因素，本文前面提出三个假设，其中两个假设得到实证数据的检验，另一个假设未得到验证，具体假设检验结果如表 9 所示。下面对这两个假设得到验证的结论进行讨论。

表9   假设检验结果表

原假设	路径系数	C.R	P	检验结果
城市环境对海归创业地点选择有显著正相关影响	0.92	6.91	***	支持
文化氛围对海归创业地点选择有显著正相关影响	0.13	1.25	0.21	不支持
海归社会资本对海归创业地点选择有显著正相关影响	0.19	3.00	***	支持

1. 关于城市环境对海归创业地点选择的影响

城市环境的各要素对海归创业地点选择的影响普遍较大。中国海归创业所面临的最普遍的问题就是融资困难，这对一个资金并不存在短缺的国家来说未免有些遗憾。现实的情况是虽然海归在中国创业融资的途径并不比国外少，但切实有效却仍然停留在海归创业人自有资金或其从亲戚朋友处筹集的资金。政府部门的扶持资金杯水车薪，获得扶持的海归创业者极其有限；银行融资准入条件高，海归创业企业多为高科技企业，其经济效益需要在未来体现，可作抵押的固定资产很少，而银行受到各种监管条件限制，对海归创业融资热情不高；风险投资和民间资本市场不发达、不健全，投资者缺乏理性，更缺乏对高科技企业投资所需要的知识背景。在海归创业的融资环境建设方面，政府的主要任务在于重视资本市场的培育、引导和监管，督促金融机构创新金融产品，促进风险资本市场的发展和规范，引导民间资本投资流向，强化并完善社会信用体制建设，为海归创业者提供有效、开放、市场化的融资环境。政府的扶持资金不应该也不可能成为海归创业资本的主要来源，而应主要发挥扶持重点、引导资金流向和补充性扶持的作用。

通过对中国各级政府关于扶持海归创业政策的梳理可以发现，不管是国家层面还是地区层面的政策都涉及项目扶持、建立创业园、资金扶持、创业奖励、税收优惠、注册企业绿色通道、户籍政策、解决子女教育问题、配偶就业等措施，包括海归生活、工作的各方面，全面周到。存在的问题主要是政策的普惠性和具体落实。这些政策的受益者显然不是所有的创业海归，每项政策的落实都有条件限制，这些条件有些会把部分潜力海归创业企业排除在外。与此同时，很多政策还没有得到很好的落实，各地不乏发生经过确认的海归创业扶持资金迟迟不到位、海归创业园形同虚设等现象。政府部门作为政策的制定者和执行者，急需明确责任，加大落实力度，完善后续监督，保障海归创业扶持政策的效果。

本文的研究表明：城市环境中的基础设施、智力支撑和商务环境对海归创业地点选择的影响效果显著。这三类环境条件建设在中国各城市间差异非常显著。北京、上海、广州等东部地区城市基础设施建设水平高且较为完善；大学和科研机构较多且实力雄厚；法律、会计、咨询等行业发达，方便海归创业企业以更快的速度获得人才、信息和科研成果。而中西部城市明显处于弱势，这也是导致海归多数选择在东部发达地区创业的一个主要原因。根据本文上述研究结论，建议地方政府部门在吸引海归创业时不能仅仅重视资金和政策扶持，对城市内的其他环境更应该加以重视，如加大基础设施建设投资、高等教育投入、发展优势产业、促进产业集聚、形成产业优势、加大人才引进和培养力度等来营造适合海归创业的综合环境。

2. 关于文化氛围对海归创业地点选择的影响

假设 2 探讨了文化氛围对海归创业地点选择的影响，虽然未通过检验，但无论是其中的各类利益相关者还是学术界一般都认可：城市环境各要素和海归社会资本对海归创业地点选择的作用都是较为直接的，甚至有些要素如基础设施、大学、科研机构数量、人才基础、产业发展状况、人际关系、供应商及客户关系等可以直接被海归创业者考察到。

而本文中的文化氛围主要侧重于地区对创业、创新的态度以及与海归创业者成长背景在文化上的差异，主要考察海归创业者是否能够很好地解决文化勾兑问题，创业地的文化氛围是否会给海归创业带来障碍或支持。文化氛围并不直接作用于海归创业地点选择，由于文化差异并未被很好地认识到，有些海归在选择创业地点时甚至并没有考虑到当地的民俗习惯等文化因素。而且通常认为，文化是一个国家和民族所共有的，探讨的焦点往往是不同国家或不同民族之间的差异，而本文却是在同一个国家不同的城市区域之间进行文化比较，这种差异显著性较小，也使得假设 2 未得到验证。

但是，部分海归创业实践发现，文化氛围对海归创业的影响不应被忽视，特别是在国外学习、工作时间较长的海归创业者往往很难适应国内的文化氛围，在与员工、客户、政府官员打交道时存在一定沟通障碍。因此，为了创业成功并保障创业企业的持续良好运营，文化氛围也应当是海归创业者选择创业地点时需要考虑的因素，而那些具有开放、创新文化氛围的城市往往被海归创业者所青睐。

3. 海归社会资本对海归创业地点选择的影响讨论

本文的研究假设 3 得到实证检验支持，即海归创业的社会资本对海归的创业地点选择具有显著影响，海归创业者更愿意在自己社会资本较好的地方开创事业。海归的社会资本有助于海归获得创业资金、政策扶持、人力资本、关于创业机会的信息、合作伙伴、客户等资源。社会资本在中国现阶段的商业活动中发挥着重要的隐性作用，这也是调查发现绝大部分海归创业者都参加社团等社会组织的原因。社会资本不仅对海归创业者创新非常重要，对于旨在吸引海归创业者落户当地的地方政府同样重要。通过对已有海归创业企业的扶持和服务，提高城市口碑，树立良好的形象，同时加大招商引资力度，创新吸引海归措施，帮助海归创业者适应国内文化，加强与海归创业者的沟通与协助，做好政府部门对海归创业者的情感营销，直接促进了海归创业企业落户当地。

（二）吸引海外归国创业者选择本地创业的政策建议

基于前面对本文研究结论的讨论，综合起来，从以下三个方面提出吸引海外归国创业者选择本地创业的政策建议。

1. 设立"海外学子创业引导基金"，拓宽海外学子创业融资渠道

"海外学子创业引导基金"的设立方式可以有两种：

（1）"联合投资、市场运作"。即由政府财政出资 5 亿—10 亿元、联合 2—3 家大型国有企业等国有机构投资者出资 10 亿—20 亿元、吸引 2—3 家国内外创业投资机构出资 40 亿—80 亿元共同组建大资本的"海外学子创业引导基金"。由"海外学子创业引导基金"共同聘请并组建创业投资专家委员会，按照市场方式，对符合城市产业发展政策的海外学子创立的企业优先给予投资资金，风险共担。

（2）"市场运作、跟进投资"。即由政府财政单独设立 5 亿—10 亿元的"海外学子创业引导基金"，并规定国内外创业投资机构对符合城市产业发展政策的海外学子创立的企业进行风险投资时，由政府的"海外学子创业引导基金"再"跟进投资"一定比例或额度，风险自负。"十一五"期间，上海浦东新区设立 10 亿元政府创业投资风险引导基金，集聚了规模达 200 亿元创业风险投资，效果很好。

2. 鼓励技术创新，奖励技术升级

为充分利用海外学子的国际优势，更好地促进海外学子在国内创业并跟踪国际技术前沿，保持企业技术持续更新升级，政府需要加大对技术创新、技术升级的激励力度，使这些海外学子和他们背后的技术团队、技术资源更有动力为中国的技术创新、技术升级服务。鼓励技术创新和奖励技术升级可以采用以下两种方式：

（1）设立专项"技术创新与升级奖励基金"，对海外学子创立企业自主研发或引进的对行业技术进步和产业结构优化升级有重大作用的技术创新和技术升级给予一定奖励。规定无论该项技术创新或技术升级是在国内还是在国外完成，只要能获得自主知识产权、在本地（特别是指具体城市）完成产业化和市场化，根据该技术的创新程度、对原有技术的升级程度和对产业结构优化升级的贡献，对引进该项技术的企业，按照该技术产业化后一定年度内实现地方税收的一定比例给予一定额度的技术创新与升级奖励。"技术创新与升级奖励基金"可以考虑先从政府财政中拨款，等更多的技术创新与升级项目产生市场绩效之后，再从这些项目的地方税收中提取一定比例，源源不断地补充到奖励基金当中。

（2）在现有的创新基金、科学技术进步奖和科技三项经费中增加技术升级项目的比重，在这些现有奖励基金中，相应增加对海外学子创业企业的加分条款，鼓励海外学子及其创业企业整合其国内外资源对本市现有产业和企业进行技术升级。

3. 充分发挥海外学子创业园的作用，完善各类专业外包服务

海外学子创业园是城市服务海外学子创业的主要机构，以海外学子创业园为主体，完善各类专业外包服务，可以大大提高城市对海外学子创业的服务水平。具体服务可以包括以下三个方面：

（1）在海外学子创业园增设专门的"政府一站式外包服务部"，提供与工商、税务等部门打交道的专业外包服务。这个服务部相当于政府部门派驻在海外学子创业园的专门联系机构，但不派驻专职办事人员，只建立海外学子创业企业与政府各相关部门之间的业务联系。凡是海外学子创业企业需要与政府相关部门打交道的业务均直接找这个服务部，再由这个服务部直接对接政府部门，具体业务还是由政府相关部门办理。这样，既提高了海外学子创业企业的办事效率和政府的服务水平，又节约了各部门的行政支出。

（2）由海外学子创业园创建"创业导师团"。可采取多种渠道整合多位在某个方面有特长的企业家、技术专家、管理专家和咨询顾问，统称为"创业导师"。顾问费用可由创业导师与海外学子创业园签订顾问合同，创业企业以缴纳一定额度的年费形式来分担，如果有专项的咨询服务再另行签订单项咨询合同，支付咨询费用。这样，创业导师团的组建，既解决了创业企业搜寻合适创业导师的烦恼，又节约了一定的费用，同时，还可以促进创业企业之间的交流与合作。

（3）以海外学子创业园为主体，组织多种形式各种规模的国内外专业交流活动。目前，中国"海创周"的各种论坛形式很好，但一年只有一次，不足以满足创业者们多样化的交流需求。可以由专业机构不定期地向创业企业征求交流需求建议，不定期组织多种形式各种规模的国内外专业交流活动。包括国内外的技术交流，如相关科技论坛；又包括国内外创业者、企业家们的创业交流，如创业论坛、风险投资论坛；还包括各种各样的企业管理培训、创业培训。

参考文献

［1］蔡莉、崔启国、史琳：《创业环境研究框架》，《吉林大学社会科学学报》2007年第1期。

［2］程晨、孟醒：《海归人才区位选择影响因素分析及对策研究》，《科技信息》2009年第20期。

［3］范良聪、罗卫东：《基于社会资本视角的创业环境评价体系研究》，《科学学研究》2009年第S2期。

［4］方世建、桂玲：《创业政策和经济增长——影响途径和政策启示》，《科学学与科学技术管理》2009年第8期。

［5］郭元源、陈瑶瑶、池仁勇：《城市创业环境评价方法研究及实证》，《评价与预测》2006年第2期。

［6］何云景、刘瑛、李哲等：《创业政策与创业支持：基于系统优化的视角》，《科学决策》2010年第4期。

［7］金凤君：《基础设施与区域经济发展环境》，《中国人口·资源与环境》2004年第4期。

［8］王栋、陈永广：《企业家社会资本对创业企业成功的影响分析》，《科学管理研究》2010年第2期。

［9］吴凌菲、吴泗宗：《文化环境与创业过程的关系》，《经济管理》2007年第13期。

［10］杨军：《基础设施对经济增长作用的理论演进》，《经济评论》2000年第6期。

［11］赵晓东、李晓博：《创业社会资本构思模型访谈研究》，《科研管理》2008年第S2期。

［12］钟碧忠：《企业家社会资本对创业过程的作用机制》，《哈尔滨商业大学学报》

（社会科学版）2010 年第 2 期。

[13] Armington, Catherine, Zoltan J. Acs, The Determinants of Regional Variation in New Firm Formation [J] . *Regional Studies*, 2002, 36 (1), pp. 33 – 45.

[14] Begley, Thomas M. , Wee – Liang Tan, The Social – cultural Environment for Entrepreneurship: A Comparison between East Asian and Anglo – Saxon Counties [J] . *Journal of International Business Study*, 2001, 32 (3), pp. 537 – 553.

[15] Bruno, A. V. , T. T. Tyebjee, The Environment for Entrepreneurship [C] . in C. A. Kent, D. L. Sexton and K. H. Vesper (eds.), *Encyclopedia of Entrepreneurship*, Englewood Cliffs, NJ: Prentice Hall, 1982, pp. 288 – 307.

[16] Crosa, Beth, Howard E. Aldrich, Lisa A. Keister, Is There a Wealth Affect? Financial and Human Capital as Determinants of Business Startups [C] . Frontiers of Entrepreneurship Research 2002, Babson College, 2002.

[17] De Carolis, Donna Marie, Patrick Saparito, Social Capital, Cognition, and Entrepreneurial Opportunities: A Theoretical Framework [J] . *Entrepreneurship Theory and Practice*, 2006 (1), pp. 41 – 56.

[18] Feldman, Maryann P. , Johann A Framcis, Janet Bercovitz, Creating a Cluster While Building a Firm: Entrepreneurs and the Formation of Industrial Clusters [J] . *Regional Studies*, 2005, 39 (1), pp. 129 – 141.

[19] Gartner, W. B. , A Conceptual Framework for Describing the Phenomenon of New Venture Creation [J] . *Academy of Management Review*, 1985, 10 (4), pp. 696 – 706.

[20] Gnyawali, Devi R. , Daniel S. Fogel, Environments for Entrepreneurship Development: Key Dimensions and Research Implications [J] . *Entrepreneurship Theory and Practice*, 1994, pp. 43 – 62.

[21] Kayne, Jay, State Entrepreneurship Policies and Programs [R] . Kauffman Center for Entrepreneurial Leadership at the Ewing Marion Kauffman Foundation, 1999.

[22] Kirchhoff, Bruce A. , Scott L. Newbert, Iftekhar Hasan, Catherine Armington, The Influence of University R&D Expenditures on New Business Formations and Employment Growth [J] . *Entrepreneurship Theory and Practice*, 2007, (31) 4, pp. 543 – 559.

[23] Manning, Kingsley, Sue Birley and David Norbum, Developing a New Ventures Strategy [J] . *Entrepreneurship Theory and Practice*, 1989, 14 (1), pp. 69 – 76.

[24] Tamásy, Christine, Determinants of Regional Entrepreneurship Dynamics in Contemporary Germany: A Conceptual and Empirical Analysis [J] . *Regional Studies*, 2006, 40 (4), pp. 365 – 384.

大连海洋新兴产业发展战略的对策研究

冯云霆　赵万里　李　怀

摘　要　大连海洋新兴产业发展迎合了世界海洋产业爆发式兴起的发展潮流，契合了大连在我国北部海洋经济圈中的战略竞争定位，切合了大连开创蓝色产业新格局。大连海洋新兴产业发展基础雄厚，地理区位优势突出，但产业发展存在着资源开发利用不高、产业创新能力不足、产业发展整合力度不够等困难和问题，要提升产业发展竞争力，应全面深化改革，增强产业动力，坚持创新发展，推动转型升级，优化发展环境，激发产业活力，加强开放融通，扩大区域合作。

关键词　大连　海洋新兴产业　战略对策

近十年来，海洋新兴产业在世界海洋发达国家爆发式兴起，不仅带动着海洋产业群发展，而且推动了海洋产业结构的优化和升级。在党的十八大做出建设海洋强国战略部署的推进下，沿海各省市乘势而上，齐力聚焦，奋发谋求创新突破，大连更是将海洋新兴产业作为抢占海洋产业价值链高端的优先发展领域。

一　海洋新兴产业概念及特征

（一）海洋新兴产业概念

海洋新兴产业是以海洋高技术发展和海洋资源大规模开发为背景，由产业演化形成期进入成长期的海洋产业。它既指按照海洋产业形成规模开发的海洋产业群体，又指依据海洋资源开发在相同或相关价值链上活动的各类企

[作者简介] 冯云霆，经济学博士，东北财经大学公共管理学院教授，博士生导师；赵万里，经济学博士，大连海洋大学经济管理学院副教授；李怀，经济学博士，东北财经大学产业组织与企业组织研究中心研究员，博士生导师。

[基金项目] 2014年度辽宁省社科规划基金资助项目"辽宁省传统产业改造与新兴产业培育研究"（L14BJY017）和东北财经大学产业经济学特色重点学科资助项目（2014015）。

业所构成的企业集合。海洋新兴产业代表着现代科学技术的新水平，是海洋产业进化的新方向，是带动国民经济发展的新动力源。作为科技和产业深度融合的海洋新兴产业的发展，对于加速大连海洋产业结构优化升级，促进海洋经济发展方式的转变，推动大连"两先区"建设目标的实现，将起到重要的支撑作用。海洋产业作为经济系统中的基础单元，承载着人们开发利用海洋资源所从事的一系列经济活动，在很大程度上反映了人们对海洋资源的认识程度和对海洋资源的开发利用能力。20 世纪 60 年代以前，已经形成并且大规模开发，不完全依赖现代高新技术的产业为传统产业。海洋传统产业主要有海洋捕捞业、海洋运输业、海水制盐业和船舶修造业等。20 世纪 60 年代以后，由于陆地资源减少，人们更加注重海洋资源的利用，在这一过程中形成的主要或部分依赖高新技术的涉海产业为海洋新兴产业。海洋新兴产业同属海洋产业范畴，但海洋新兴产业是相对于传统海洋产业而言的，是由于科学技术进步发现了新的海洋资源或者拓展了海洋资源利用范围而成长的产业，如海洋油气业、海水增养殖业、海水淡化、海洋药业和滨海旅游业等。

海洋新兴产业的内涵和范围，根据所处的时代特点和历史阶段的不同而有所不同，同时要与各国经济发展水平和具体国情相适应。因此，在 21 世纪的后金融危机时代，我国的海洋新兴产业主要是指能够体现国家的海洋战略意图、以海洋高新技术为首要特征、在海洋经济发展中具有广阔市场前景和巨大发展潜力、能够引领海洋经济发展方向、推动海洋产业结构升级和海洋经济增长方式转变的海洋新兴产业，具有全局性、长远性、导向性和动态性的特征。我国《国家"十二五"海洋科学和技术发展规划纲要》中提出的海洋新兴产业包括海洋生物资源开发与高效综合利用、海水资源综合开发与利用、海洋可再生能源开发与利用、海洋油气资源勘探开发、海洋工程及装备五个领域。

（二）海洋新兴产业特征

与海洋传统产业相比，海洋新兴产业是摆脱传统产业经济形态而具有全新经济形态的产业群，具有以下三个特征：

1. 高新技术性

海洋新兴产业的出现是建立在新的科学理论发展和技术创新基础上的，海洋新兴产业的发展依赖高新技术的高端化与科研开发的密集化。而且由于海洋开发活动中存在较为紧密的相互联系性与制约性，使海洋新兴产业的形成必须是多种相关高新技术的共同发展与突破，这是海洋新兴产业最本质的特征。

2. 可持续性

海洋新兴产业依靠海洋高新技术的创新，采用先进的生产技术和手段开发利用海洋新资源，在发展海洋经济的同时，也保证了海洋环境的健康与海洋资源的可持续利用。

3. 战略性

进入 21 世纪，随着海洋在国家竞争力中的地位日益提高，实施海洋发展战略、大力发展海洋事业已成为各海洋强国的重要国家战略。海洋新兴产业作为能够体现国家的海洋战略意图，以海洋高新技术为主要特征的新兴产业，代表了海洋经济未来的发展方向，在海洋经济发展中具有重要的战略地位和巨大的发展潜力。同时，海洋新兴产业的战略性也体现在通过自身发展可以进一步推动海洋产业结构升级和海洋经济发展方式转变。

二　国内外海洋新兴产业发展比较及启示

（一）国内外海洋新兴产业发展比较

随着对发展海洋经济重要性认识的逐步加深，我国海洋新兴产业自 20 世纪 90 年代以来步入了快速发展时期，部分领域已经达到国际领先水平。然而，与海洋经济发达国家相比，我国海洋新兴产业的整体水平仍然较低，通过比较国内外海洋新兴产业发展状况，认清我国存在的差距，以有针对性地弥补我国海洋新兴产业发展中的不足。

1. 海洋生物医药业

从世界范围看，海洋生物医药业于 20 世纪 60 年代初引起了各国的关注。进入 20 世纪 90 年代，美国、日本、英国、法国、俄罗斯等国家分别推出包括开发海洋微生物药物在内的"海洋生物技术计划"、"海洋蓝宝石计划"、"海洋生物开发计划"等，投入巨资发展海洋药物及海洋生物技术。目前，世界范围内海洋生物技术产业的规模已经高达数十亿美元，并将继续保持高速增长。以美国为首的西方发达国家在海洋抗肿瘤药物、海洋生物抗菌活性物质提取、抗心血管病及放射性药物研发、海洋生物酶研究等领域取得了巨大成绩。目前，国际上已经发现的海洋生物活性物质达 2 万多种，进入临床前和临床研究的海洋药物近百种，有望在癌症、艾滋病等重大疾病的防治领域取得重大进展。相比之下，我国海洋生物医药业起步晚、规模小，相当一部分海洋生物技术还不成熟。我国的海洋生物医药业始于 20 世纪 70 年代。1997 年，国家开始针对海洋生物领域启动海洋高技术计划。近年来，我国海洋生物医药产业保持着蓬勃发展的良好势头，但规模仍然较小，目前正处于由起步向全面迈向产业化崛起的关键时期。我国的海洋生物活性化合物发现、海洋生物中代谢产物结构多样性研究、海洋生物基因、海洋生物大分子等方面的研究在国际上引起了高度关注。尽管我国在海洋生物功能基因组技术的研发上处于领先地位，但运用现代生物技术来对海洋生物进行研发的项目还没有形成规模。在海洋药物研发方面，我国已成功分离药用海洋生物制成单方药物十余种，复方中成药近 2000 种。凭借传统海洋生物的功效研制和开发现代药物的丰富经验，在开发治疗癌症、心脑血管疾病等重大疾病的高效药物上极具优势。

2. 海水利用业

早在 20 世纪 40 年代国外就开始了以蒸馏法为主的海水淡化技术研究，到 70 年代前后初步形成了工业化生产体系。目前，蒸馏法、电渗析法、反渗透法等都已达到工业生产的规模，海水淡化已成为中东地区以及许多岛屿淡水供应的主要来源。伴随海水淡化技术发展和社会需求量加大，海水淡化技术日趋成熟，淡化规模不断扩大，成本不断降低。在海水直接利用方面，许多沿海国家大量采用海水替代淡水，直接作为工业冷却水，其用量占工业总用水量的 40%—50%，其中，日本年直接利用海水量为 3000 亿立方米。目前，日本、德国、英国、美国、俄罗斯等国在海水提铀、锂等方面已取得了较大突破，均建立了不同规模的提铀、锂工厂。随着世界海水淡化与综合利用技术的不断提高，我国已初步形成了海水资源利用技术体系，海水淡化技术与装备大型化研发取得重大突破，已形成年产万吨级膜法和蒸馏法海水淡化装备的设计、制造与安装能力；海水循环冷却和海水直接利用技术取得突破并投入运用；海水提钾、溴和镁等技术已进入工业化试验阶段，初步构建起海水直接利用—淡化—化学资源利用的产业技术链体系。我国海水淡化虽然逐步形成了综合性的技术学科和水处理技术产业，但淡化成本依然较高；海水冷却虽已有 60 余年的应用历史，但目前海水年取用量只有 120 亿立方米左右；目前仅开展了规模化制盐，多数化学元素的综合利用尚处于科学研究阶段。伴随着水电联产、热膜联产等多种技术的集成发展，我国海水直接利用和海水淡化成本将不断降低，在沿海缺水地区及经济发达城市大规模、低成本直接利用海水替代淡水，并使稀有元素铀、锂等的实际提取量达到可实际应用的量级，形成海水综合利用的完整技术体系。

3. 海洋可再生能源业

世界各主要海洋国家普遍重视海洋可再生能源的开发利用。美国把促进可再生能源的发展作为国家能源政策的基石，是世界上开发利用可再生能源最多的国家；英国从 20 世纪 70 年代以来制定了强调能源多元化的能源政策，鼓励发展包括海洋能在内的多种可再生能源，把波浪发电放在新能源开发的首位，目前已具有建造各种规模的潮汐电站技术力量；日本成立了海洋科学技术中心等十多个科研机构，并在海洋热能发电系统和热交换器技术领域领先于美国。从海洋可再生能源开发利用的技术和产业特点来看，潮汐能发电技术已经成熟，潮汐能综合利用的经济效益显著，其他能源也已进入大规模商业化开发利用阶段。与国外发达国家相比，我国海洋可再生能源开发和综合利用虽然一直受到国家和地方政府的高度重视，并取得了明显效益，但是，整体来说，在规模、技术水平上仍存在较大差距，产业基础较为薄弱。主要问题有：海洋可再生能源开发利用的规模偏小，与我国海洋能源状况及经济发展要求极不适应；除潮汐能开发利用比较成熟外，其他能源的开发尚处于技术研究和示范试验阶段；海洋可再生能源的勘查和研发力量不足，科技攻关能力不强，对综合开发利用重视不够；国家缺乏统一规划，投入少，政策措施不力；海洋可再生能源在能源消费中的比重较低，尚未形成产业规模，不能适应经济和社会可持续发展需要，等等。

4. 海洋工程装备业

目前，海洋结构工程与装备的全球市场规模大约 2000 亿美元，年均增长 20% 以上，发展势头迅猛。主要海洋工程装备建造商集中在新加坡、韩国、美国及欧洲等国家，其中新加坡和韩国以建造技术较为成熟的中、浅水域平台为主，同时也在向深水高技术平台的研发、建造发展；而美国、欧洲等国家则以研发、建造深水、超深水高技术平台装备为核心。另外，目前国际上水下运载装备、作业装备、通用技术及其设备已形成产业，出现诸多专业提供各类技术、装备和服务的生产厂商，并形成了完整的产业链。相比之下，近几年，我国加大了海洋油气资源的勘探开发及石油钻采装备的更新力度，深水油气勘探开发技术取得重要进展，突破了海底地震仪、高精度地震采集与处理等深海油气勘探技术，3000 米水深半潜式钻井平台已进入制造阶段。此外，我国已具备全海域深度水下机器人、远距离智能无人潜器、大深度（7000 米）载人潜器研制能力，在深海载人空间站研制领域处在世界前沿。其中，我国第一台自行设计、自主集成研制的"蛟龙号"深海载人潜水器挑战 7000 米下潜深度取得成功。然而，我国海洋装备产业仍然存在一些亟待解决的问题，主要包括：技术与制造基础薄弱，相当一部分仍以与国外合作为主，缺乏自主创新；几家大型海洋装备制造企业主要生产低端产品，市场份额尚不足 5%，在设计、配套等核心技术上几乎是空白的；关键元器件与材料国产化率低，配套设备缺乏稳定性，等等。

5. 深海产业

随着世界各国开发深海资源进程的不断加快，由深海生物基因资源开发带动相关领域产生的经济效益高达几十亿美元。目前，日本深海采矿技术处于世界领先地位。国际海底区域已成为 21 世纪多种自然资源的战略性开发基地，在未来 20—30 年里，随着海洋高新技术的发展，会形成包括深海采矿业、深海生物技术业、深海技术装备制造业的深海产业群。面对全球深海投资越来越多的趋势，我国作为全球深海产业的重要参与者，深海采矿技术已经形成一批具有产业化开发价值的技术成果，这些成果为构建新的产业奠定了坚实的基础。在此基础上，可以建立国家深海产业的总体框架，优先构建深海矿物资源开采业、深海技术装备制造业等深海高技术产业群，同时组建国家深海产业基地。

（二）国外海洋新兴产业发展启示

1. 加强国家层面发展政策与规划的制定

从世界范围来看，海洋经济发达国家海洋新兴产业的发展优势很大程度上取决于其政策法规的建立健全。各国根据自身海洋新兴产业的特点，制定国家层面发展政策和规划来确定海洋新兴产业的发展方向和运作模式，有效地规范和促进了本国海洋新兴产业的发展。美国在海洋新兴产业战略规划方面，绘制未来十年海洋科学发展路线——海洋科学研究优先领域和实施战略、美国海洋大气局2009—2014年战略规划，这两个战略规划最能反映美国海洋科技创新需求，反映了当前和今后一个时期美国海洋科技领域的政策目标和重点，对海洋新兴产业的发展起到了与时俱进的指向作用。日本除20世纪90年代制定的面向21世纪海洋开发推进计划及海洋科技发展计划外，内阁官房综合海洋政策本部的《海洋产业发展状况及海洋振兴相关情况调查报告》（2010）明确提出，计划2018年实现海底矿产、可燃冰等资源的商业化开发生产；计划到2040年整个日本用电量的20%由海洋能源（海洋风力、波浪、潮流、海流、温度差）提供。在海洋新兴产业具体领域的发展方面，英国的海洋能源行动计划以及日本的深海钻探计划，有效地引导和促进了英国海洋可再生能源业和日本深海产业的发展。

借鉴国外经验，我国应制定培育和壮大海洋新兴产业的发展规划，包括海洋工程装备制造业、海洋药物和生物制品业、海洋可再生能源业、海水利用业等具体产业的专门发展规划，为实现规范、有序发展提供有力指导和政策保障。

2. 成立专门的管理和协调机构

美国、英国等海洋经济发达国家成立"海洋联盟"或"海洋科学技术协调委员会"等专门机构来管理和协调海洋新兴产业的相关事宜。其主要职责包括：提高公众对海洋及沿海资源经济价值的认识，加强国内技术产品的开发，密切产业界、科研机构和大学的伙伴关系，组织有关海洋资源开发的重大经济项目和环境项目研究，协调产业发展过程中出现的矛盾和问题，等等。这些机构的成立对相关国家海洋新兴产业的统筹协调发展起到了至关重要的作用。我国由于受到海洋管理体制的束缚，缺乏管理与协调海洋新兴产业发展的专门机构，使我国海洋新兴产业发展缺乏整体规划，产业发展过程中出现的诸多矛盾和问题不能得到及时的协调和解决，难以实现各种资源的有效利用和合理配置。因此，在我国成立此类专门的管理和协调机构，对于海洋新兴产业的发展更具重大意义，该机构不仅可以负责制定海洋新兴产业的发展规划，协调相关部门的各项工作，还可以促进海洋科技资源的整合，加速海洋高新技术的产业化进程，从而促进我国海洋新兴产业的健康持续发展。

3. 着力推进海洋科技研发和成果转化

海洋经济发达国家依靠雄厚的科研实力和先进的技术装备，在海洋新兴产业的许多核心技术上能够进行自主研发，在很大程度上实现了关键技术的自给。此外，依托产学研的一体化机制和科技成果产业化服务平台将技术研发与应用推广紧密衔接，使海洋科技成果的转化速度和转化率都达到了较高水平。技术的自主研发与成果的快速转化为海洋新兴产业的可持续发展奠定了坚实的基础。我国受科技发展水平的制约，海洋自主研发能力较弱，关键技术自给率低，突出表现在我国装备技术与制造基础薄弱，关键元器件与材料国产化率低，在设计、配套等核心技术上几乎是空白的。另外，由于我国产学研的脱节和海洋科技服务平台的欠缺，使海洋科技成果转化率很低，极大地延缓了海洋高新技术的产业化进程。因此，要重点鼓励和支持海洋技术创新与自主知识产权产品开发，围绕战略性新兴产业的竞争能力和发展潜力，优先推动海洋关键技术成果的深度开发、集成创新和转化应用，鼓励发展海洋装备技术、海洋生物技术、海水利用技术、海洋可再生能源发电技术等，促进海洋经济从资源依赖型向技术带动型转变，通过兴建海洋科技园等产业化服务平台实现海洋科技成果的快速转化，为海洋新兴产业的创新发展提供强有力的技术支撑和应用平台。

4. 建立有效的投融资机制

海洋新兴产业具有高投资性、高风险性、较长的周期性等特征，雄厚的财力支撑是实现其可持续发展的必要保证。海洋经济发达国家强化科技管理，政府不断增加海洋新兴产业的科研投入，极大地推动了科技研发的进度和关键技术的突破。通过采取利用社会风险投资，吸引企业投入、信贷资本和民间资本等多元化的融资方式来筹集资金，有效地拓宽了资金的来源渠道，为海洋新兴产业的可持续发展提供了保障。我国的风险投资在20世纪80年代刚刚起步，运作过程存在着许多薄弱环节，加之对民间资本和金融市场工具未充分利用，使我国海洋新兴产业的投融资渠道单一，难以满足其长期大量资金注入的需要。因此，迫切需要通过加大政府投入、建立多层次的资本市场体系、完善银行间接融资体系、吸引外资参与等方式，建立海洋新兴产业多元化融资渠道。可将海洋新兴产业相关企业高端的产业技术进行转让，吸收资金；加强企业和专业化实验室的联系，缩短海洋新产品的商品化过程，及时、快捷地回笼资金；充分吸收民间资本，发挥民间资本的集聚效应来广泛筹集资金，逐步形成政府投入、银行支持、企业自筹和利用外资等的多元化融资渠道，为海洋新兴产业的发展提供融资保障。

5. 注重培养海洋科技人才

海洋人力资源是最重要的资源，是海洋产业发展的动力之源。海洋新兴产业随着海洋科技的发展而发展，需要大量高科技人才作为其坚强的发展后盾。各海洋经济强国，一方面高度重视管理人才和专业技术人才的培养，给那些勇于创新创业的高科技人才创造良好的环境；另一方面注重对海洋高科技人才的激励，创造吸引科技人才的企业氛围，提供有利于实现自身价值的研发环境，以及实施适当的薪酬奖励等措施来激发高科技人才的积极性和创造性，为海洋新兴产业的发展储备大量的高科技后备人才。我国当前面对海洋新兴产业人才储备不足、高层次人才匮乏的矛盾，要把海洋科技人才队伍建设作为一项战略任务来抓。通过完善海洋教育结构，全面提高人才素质，分层次制订人才培养方案，注重复合型人才的培养和高层次人才的选拔，有针对性地开展系统的人才培训，加强培训力度等措施建构人才培养体系，做好人才储备；加大人才引进力度，促进人才的国际合作与交流；建立人才激励机制，引导和促进人才创新；优化人才结构，建立合理的用人机制，全方位实施海洋新兴产业人才战略，为海洋新兴产业可持续发展奠定坚实的基础。

6. 加强国际海洋合作

海洋经济发达国家本着互利共赢的原则，通过实施重大综合性海洋科学研究计划，建造一些高水平的设施和实验设备供各国科研人员共同利用，向发展中国家提供资金和技术援助等积极举措，在技术研发、设备使用、人才交流等方面建立了国际双边和多边合作机制，实现了在海洋生物医药、海水淡化与综合利用、海洋可再生能源等海洋新兴产业各个领域的国际合作，取得了多位一体的综合效益。我国海洋新兴产业的国际合作尚处于起步阶段，虽然积累了一些国际合作的事项和经验，但总体来说，我国海洋新兴产业的国际化程度还是比较低的，没有形成大规模、全方位的国际合作趋势。为顺应国际海洋新兴产业发展的国际化趋势，应切实加强国际交流与合作，提高对外开放与合作水平。凭借其自身海洋新兴产业发展优势，实现在海洋生物医药、海水淡化与综合利用、海洋可再生能源等海洋新兴产业各个领域的国际合作，以科技水平的全面提升引领海洋新兴产业的发展潮流。

三 大连海洋新兴产业发展的战略意义

（一）顺应国际产业发展潮流

海洋产业作为经济系统中的基础单元，承载着人们开发利用海洋资源所从事的一系列经济活动，在很大程度上反映着人们对海洋资源的认识程度和对海洋资源的开发利用能力。当前，全球海洋经济产值平均每年以11%的速度增长，业已形成四大海洋支柱产业，即海洋油气业、滨海旅游业、海洋渔业和海洋交通运输业。特别是作为海洋新兴产业的海洋油气业和滨海旅游业发展迅速，很快超过了海洋传统产业，成为现代海洋经济的主体。世界海洋产业正在形成第三产业和第二产业超过第一产业的"三、二、一"结构顺序。同时，海洋产业正处于传统产业新兴化和新兴产业纵深化的阶段。预计到 2020 年，全球海洋经济产值将达 3 万亿美元。海洋产业在 2020 年左右将分为四个层次：第一个层次是海洋交通运输业、海洋旅游业、海洋渔业、海洋油气工业；第二个层次是海水直接利用、海洋生物工程（海洋药物和海洋营养滋补品产业等）、海盐业及盐化工业；第三个层次是海水淡化、海洋能利用、滩涂和浅海湾养殖业、海水化学资源利用、滨海采矿业；第四个层次是海洋空间利用，其中主要是以大型海上工程为骨干的产业，如海底隧道、人工岛建设、跨海大桥、海上机场、游乐场以及海上城市等。

世界海洋产业发展总趋势如下：

1. 产业结构高级化的需要

从全球海洋产业发展态势来看，美国、英国、加拿大、日本等海洋强国，已经从过去较多重视增加海洋产业产值向更加强调促进海洋产业结构快速升级、海陆产业互动、可持续开发利用海洋资源的新阶段。各国通过实施"科技兴海"战略，加快调整海洋产业政策，加大海洋科研产业投入，积极发展以现代知识技术为基础的新兴海洋产业成为主要海洋国家推动海洋产业发展的大趋势。世界海洋产业结构已经由海洋第一产业独大向"三、二、一"高级结构转型。其主要特点是：以高技术支撑的近海油气开发、海洋工程装备制造、海洋生物工程、滨海旅游业及生产性海洋服务业发展迅猛；产业层次从劳动密集型向技术密集型升级；滨海旅游的兴起带动了海洋第一、第二与第三产业的融合发展；海域空间开发正从领海、毗连区向专属经济区、公海逐步推进。

2. 产业支撑科技化的需要

20 世纪 90 年代以来，世界各国，特别是拥有较强经济技术基础的沿海工业化国家，都把发展海洋新兴产业作为科技经济战略的重要组成部分。与传统海洋经济不同，现代海洋经济的一大特点，就是对高新技术的高度依赖。例如，海上油田开发从勘察、钻探、开采和油气集输到提炼的全过程，几乎都离不开高技术支持。美国、日本、英国、法国等国的海洋经济之所以发达，最重要的原因是这些国家的海洋科技一直保持领先优势，尤其是高新技术。可以说，正是世界海洋高新技术的迅速发展，才引发了海洋开发的新热潮，推动了海洋新兴产业发展。同时，高科技的应用也使传统海洋产业得到不断改造和提升。比如由于海洋生物、机电一体、新材料开发、环境工程、资源管理等技术在苗种培育、生产和管理中的广泛应用，使传统的海洋渔业的生产方式发生了深刻变化，海洋牧场建设成为引领世界新技术革命、发展低碳经济的一个重要载体。而计算机技术在船舶设计和生产中的广泛应用，使现代船舶制造的自动化、现代化程度得到很大提高。

3. 能源利用绿色化的需要

受燃料能源危机和环境变化压力驱动，"向海洋要能源"已经成为世界各国的共识。海洋可再生能源主要有潮汐能、波浪能、温差能，其次还有盐度差能、海流能、海洋风能、生物能和海洋地热能等。目前，世界波浪能的研发十分活跃，据不完全统计，有28个国家（地区）致力波浪能开发，建设大小波力电站（装置、机组或船体）上千座（台），总装机容量超过80万千瓦，其建站数和发电功率分别以每年2.5%或10%的速度上升。潮汐能的现代开发始于20世纪50年代，加拿大、法国、苏联和中国都建有潮汐发电站，预计到2030年，世界潮汐电站的年发电总量将达600亿千瓦时。由于潮汐能不受洪水、枯水期等水文因素影响，随着潮汐能发电技术的成熟，潮汐电站的建设将出现新的发展势头。

4. 布局模式集群化的需要

伴随着新技术的发展，商业模式也不断创新，海洋制造业和服务业呈现融合发展趋势。产业发展以多个学科领域的密集创新和突破为驱动，呈现群体涌现的局面。例如，美国的海洋生物技术企业主要集中于波士顿、旧金山、圣地亚哥等地区。又如，英国的剑桥地区形成了欧洲最成功的海洋高新技术产业集群，其中海洋生物、海洋信息等在世界上处于领先地位。集群内密集的知识与人员流动，活跃的创业与兼并收购，良好的产业生态，带来了产业竞争与合作方式的深刻变化，经济效益显著提高。

（二）迎合我国海洋强国战略

1. 国家海洋经济政策调整的需要

2003年5月，国务院印发了《全国海洋经济发展规划纲要》，这是新中国成立以来，第一个指导海洋经济发展的重要文件。《全国海洋经济发展规划纲要》明确提出，海洋经济在国民经济比重中进一步提高，形成特色海洋经济区域，逐步建设海洋强国。《国民经济和社会发展第十一个五年规划纲要》对海洋工作做了专门部署，强调："强化海洋意识，维护海洋权益，保护海洋生态，开发海洋资源，实施海洋综合管理，促进海洋经济发展。"

2008年2月，国务院批准《国家海洋事业发展规划纲要》，提出海洋事业要加强对海洋经济发展的调控、指导和服务，提高海洋经济增长质量，壮大海洋经济规模，优化海洋产业布局，加快海洋经济增长方式转变，发展海洋循环经济，提高海洋经济对国民经济的贡献率。

2008年10月，国家海洋局、科技部联合发布了《全国科技兴海规划纲要（2008—2015年）》，这是我国新形势新阶段对科技兴海工作的全面规划，是首个以科技成果转化和产业化促进海洋经济又好又快发展的规划，是指导中国科技兴海工作的行动指南。《国民经济和社会发展第十二个五年规划纲要》（以下简称"十二五"规划）对海洋工作做了专门部署，提出坚持陆海统筹，制定和实施海洋发展战略，提高海洋开发、控制、综合管理能力。"十二五"规划的一个根本性变化就是，海洋经济的发展已经成为国家的重要战略决策，被提到了前所未有的高度。

2011 年 4 月，国家海洋局发布的《中国海洋发展报告（2011）》指出，"十二五"期间，我国将初步形成海洋新兴产业体系，支撑引领海洋经济发展，战略性海洋新兴产业整体年均增速将不低于 20%，产业增加值翻两番。

2012 年 9 月，《全国海洋经济发展"十二五"规划》正式获批，确定了我国今后一段时期海洋经济发展的总体思路、发展目标和主要任务，是继 2003 年《全国海洋经济发展规划纲要》之后，再次推出的新一轮全国海洋经济综合性规划。2012 年 11 月，中共十八大报告提出："提高海洋资源开发能力，发展海洋经济，保护海洋环境，维护国家海洋权益，建设海洋强国。"

2. 沿海发展布局规划调整的需要

我国海洋经济经过 30 多年的发展，已经形成了三大海洋经济区，分别是环渤海海洋经济区、长三角海洋经济区和珠三角海洋经济区。2008 年开始，国家为进一步推动海洋经济发展，进行了新一轮的海洋经济区域布局调整，先后实施了多个国家战略性发展规划。黄渤海地区有"辽宁沿海经济带发展规划"、"天津滨海新区发展规划"、"河北沿海地区发展规划"、"山东黄河三角洲高效生态经济区发展规划"和"山东半岛蓝色经济区发展规划"；东海地区有"江苏沿海经济带发展规划"、"浙江省海洋经济示范区发展规划"和"福建海西经济区发展规划"；南海地区有"广东省海洋经济综合试验区发展规划"、"广西北部湾经济区发展规划"、"海南国际旅游岛建设发展规划纲要"等。山东省、浙江省、广东省先后被确定为海洋经济试点省，全国基本形成了全面开发海洋资源、发展海洋经济的功能布局。新一轮海洋经济区域布局中，海洋新兴产业成为各地规划的重点任务。

3. 促进涉海省市海洋产业优化升级的需要

2012 年 6 月，财政部、国家海洋局联合下发了《关于推进海洋经济创新发展区域示范的通知》，决定设立专项资金，重点支持山东、青岛、浙江、宁波、福建、厦门、广东、深圳 8 个省（市）发展海洋经济。该通知中明确，国家设立战略性新兴产业发展专项资金，重点在四个方面对海洋经济创新发展示范区域予以支持：（1）海洋生物等战略性新兴产业领域科技成果的转化、产业化和市场培育，以及海洋产业公共服务平台建设；（2）海洋生物等战略性新兴产业的应用技术研发和应用示范；（3）以高等学校为实施主体的面向海洋经济，尤其是海洋生物等战略性新兴产业核心共性问题以及区域发展的重大需求等开展的协同创新；（4）海域海岸带整治修复。

2014 年 4 月，国家发展改革委、国家海洋局联合下发了《关于在广州等 8 个城市开展国家海洋高技术产业基地试点的通知》，明确在广州、湛江、厦门、舟山、青岛、烟台、威海和天津 8 个城市开展国家海洋高技术产业基地试点工作。通过试点，推动海洋高技术产业高端发展、集聚发展，促进区域产业结构优化升级，加强高技术产业技术创新，壮大海洋高技术产业规模。结合区域产业优势和发展重点，对试点城市提出了各自发展目标、空间布局、重点发展产业、保障措施等（见表1）。天津市将重点发展海洋高端装备制造、海水利用、深海战略资源勘探开发和海洋高技术服务、海洋医药与生物制品等产业；青岛市将重点发展海水育种与健康养殖、海洋医药与生物制品、海洋高端装备制造、海洋可再生能源、深海战略资源勘探开发和海洋高技术服务业；威海市将重点发展海洋生物育种与健康养殖、海洋医药及生物制品产业；烟台市将重点发展海洋生物育种与健康养殖产业、海洋高端装备制造产业和海洋高技术服务业；舟山市将重点发展海洋高端装备制造、海洋生物育种与健康养殖等产业；厦门市将重点发展海洋医药与生物制品产业、海洋生物育种与健康养殖产业、海洋高端装备制造产业、海洋高技术服务产业；广州市将重点发展海洋高端装备制造、海洋医药与生物制品、海洋可再生能源等产业；湛江市将重点发展海洋生物育种与健康养殖等产业。

表1   国家海洋高技术产业基地试点重点产业分布布局

重点产业	广州	湛江	厦门	舟山	青岛	烟台	威海	天津
海洋高端装备制造	●		●	●	●	●		●
海洋医药与生物制品	●		●		●		●	●
海洋可再生能源	●				●			
海洋生物育种与健康养殖		●	●	●	●			
海水利用								●
海洋高技术服务			●		●			●
深海战略资源勘探开发					●			●
海洋高技术服务			●	●	●	●		●

（三）抢抓大连发展战略机遇

1. 大连经济发展转型升级的需要

大连海洋产业经过长期发展，形成了海洋渔业、船舶制造、港口航运、盐化工业等传统优势产业，为大连经济快速增长提供了重要支撑。但是，随着新一轮科技革命的迅猛发展和全球经济格局的新变化，以及国内经济发展出现的新情况，大连原有经济发展方式呈现疲惫态势，产业结构面临调整压力。发展海洋新兴产业，可以加快改善大连海洋产业结构、能源结构，提升自主创新能力，提高经济增长质量，推动经济发展方式尽快走上创新驱动、内生增长的轨道，为建设产业结构优化的先导区和经济社会发展的先行区奠定现代产业发展基础。2013年，大连"五大产业"产值突破1300亿元，成为拉动经济快速发展的重要增长极。

　　2. 东北老工业基地新一轮振兴的需要

　　2014 年 7 月，习近平总书记就东北地区振兴发展做出重要批示："东北地区的振兴发展，事关我国区域发展总体战略的实现，事关我国工业化、信息化、城镇化、农业现代化的协调发展，事关我国周边和东北亚地区的安全稳定，意义重大，影响深远。2003 年，中央决定实施东北地区等老工业基地振兴战略以来，东北地区体制机制转型成效明显，经济社会发展活力增强，取得了阶段性成果，但振兴的目标尚未完全实现。辽宁当前遇到的困难和问题，东北地区其他省也存在。这些困难和问题归根结底仍然是体制机制问题，是产业结构、经济结构问题；解决这些困难和问题归根结底还要靠深化改革。"习近平总书记从全局和战略高度，深刻阐述了东北地区振兴发展的重大意义，科学分析了当前遇到的困难和问题的深层次原因，明确指出了推动东北老工业基地全面振兴的根本途径。

　　2014 年 8 月，国务院出台了《关于近期支持东北振兴若干重大政策举措的意见》，以全面深化改革为引领，提出 11 个方面 35 条政策措施，要求抓紧实施一批重大政策举措，巩固扩大东北地区振兴发展成果，努力破解发展难题，依靠内生发展，推动东北经济提质增效升级。大连是国家重要工业基地，在实施东北老工业基地振兴战略和开发建设辽宁沿海经济带中发挥着引领和示范作用，发展海洋新兴产业有利于大连在东北新一轮振兴发展中成为先导先行的引领者。

　　3. 金普国家级新区发展建设的需要

　　2014 年 6 月，国务院批复同意设立大连金普新区，这是我国第 10 个国家级新区，也是东北三省唯一一个国家级新区。目前，国内涉海省市已建立的新区有上海浦东新区、天津滨海新区、浙江舟山群岛新区、广东南沙新区和青岛西海岸新区。这些新区建设规划中都把海洋新兴产业作为海洋产业结构调整的重点发展方向。金普新区有丰富的海洋资源、较好的海洋产业发展基础，依托大连海洋资源优势、科研优势，在金普新区培育一批战略性、先导性的海洋新兴产业，建设一批科研基地，催生一大批科研人才和科技成果，不仅可以实现国家赋予的建设金普新区的历史使命，也将为大连建设创新型城市和提升城市核心竞争力打下坚实基础。

四　大连海洋新兴产业发展现状

（一）竞争优势与比较分析

1. 海洋工程装备制造全国领先，上海、天津后发之势强劲

大连的海洋工程装备制造是国内起步最早的地区之一，始终保持着传统

优势地位。2013 年销售收入 78.7 亿元，拥有一批在国内外具有重要影响的大连船舶重工、中远船务等骨干龙头企业和大连华锐重工、大连迪世船机等配套企业，研发能力和新产品开发居于全国领先水平，实现了多个国内第一和重大突破，为我国海洋工程装备产业的发展做出了重要贡献。

第一个进入海洋工程装备领域。大连是我国最早进入海洋工程装备领域的地区。20 世纪 70 年代，当时的大连造船厂最早从事海洋石油钻井平台的维修、改造、改装，并从维修、改造中积累了丰富的建造经验，成长为我国海洋工程装备重点企业。

2004 年，大船海工事业部建造了中国第一座 400 英尺自升式钻井平台，突破了多项工艺、技术难关，填补了多项国内空白。

2006 年 8 月，大船集团与茂盛投资有限公司合资成立大连船舶重工集团海洋工程有限公司，注册资本 9500 万美元。在大连湾前盐地区投资 21 亿元，建造占地 60 万平方米的海工基地。2006 年 11 月 22 日，基地开始建设，2007 年 3 月 7 日，实现了首座平台铺底。2010 年 4 月，大船海工国内首座钻井平台专用坞建成完工，成为国内生产能力最强的钻井平台建造基地之一。

2010 年，大连中远船务工程公司承接了世界最大浮式钻井生产储油船（FDPSO）建造项目，该船命名为"大连开拓者"号，并且在大连建造，该企业成为我国第一个建造大型钻井船的企业，这条钻井船也是国内企业建造的第一条钻井船。该船可在水深 3000 米海域工作，定位级别达到 DP3，钻井深度达到 1 万米，可储油 100 万桶。

F&G9500 半潜平台（NDB）是国内建造的首座作业水深 3050 米的半潜自定位式深海浮动钻井平台，这是大连船舶重工集团海洋工程有限公司向深海领域的又一重大进展，标志着该公司在承接建造高技术含量海洋工程装备方面又迈上了新台阶。

BT3500 半潜钻井支持平台是大连船舶重工集团海洋工程有限公司建造的首座半潜钻井支持平台，是总包"交钥匙"工程，BT3500 - 1 平台的签订及建造，是大船海工由近海、浅海向远海、深海发展的又一进步，不仅打开了巴西石油的大门，而且为公司的发展开拓了更广阔的天地。

大连船舶重工集团有限公司是我国第一个具备海洋工程装备总承包能力的企业。

自主研发能力最强。大连船舶重工集团有限公司是目前我国在海洋工程装备领域自主研发能力最强的企业。同样以海洋工程装备制造见长的上海、天津等，近年来，后发之势强劲。上海已在深海水平定向钻进系统研发领域取得突破，实现了自主知识产权和关键设备的国产化。天津拥有全国唯一的国家级海洋高新技术产业开发区，依托国家海洋技术中心、天津大学海洋装备研发中心等一批海洋装备研发机构，着力打造海洋高端装备产业园。

2. 海洋医药蓄势待发，生物制品强势出击

大连双港生物医药产业基地规模以上生物技术与医药企业 49 家，年产值过亿元的企业 7 家，过千万元的企业 10 家，生物技术与医药产业产值突破 100 亿元大关（2009 年），约占全国的 10%（2013 年）。以辉瑞制药、欧姆龙、珍奥集团等大企业为龙头，以美罗、汉信、亚维、雪奥等科技企业为骨干的产业集群已经形成，集群优势和辐射带动效应明显。大连海洋大学开发的藻类提取多糖产品已通过中试阶段，产品对抗癌、治癌效果显著。金州经济开发区海洋产业园区海洋药物产业园（暂名）将重点发展海洋生物制品与制药产业。生物制品研发方面具备较强实力，集中在大连工业大学、大连海洋大学、大连医科大学、大连化物所、辽宁省海洋水产科学研究院等海洋生物制品研发机构。海洋功能食品加工、海洋生物保健品品牌建设在全国居领先地位，在全国 13 个海洋保健功能食品国家驰名商标中，大连占有 11 个。

以海洋动植物的代谢产物及其生物组织、开发利用为医药、食品和化工材料新生物产业的巨大市场潜力，正在形成新兴朝阳产业。世界范围内海洋药物研发呈突飞猛进之势，就中国看，不仅大连，全国海洋药物研发起步较晚，产业仍处于孕育期。但海洋生物医药业仍是增长率最高的海洋产业之一，2013 年实现增加值 224 亿元，比上年增长 20.7%。伴随着蓝色经济热潮的兴起，山东、广东、江苏、福建等沿海各省纷纷加大了对海洋生物医药产业的投入，将其作为蓝色经济的增长点加速推动。目前，全国生产海洋药物的企业有 20 多家，已发现 1300 多种活性化合物，新化合物 380 多种，研制了十多种新药，上百种保健品，其中包括一批新型抗艾滋病、抗肿瘤和抗动脉粥样硬化的海洋药物；规划建设中的海洋药物园区（基地）有上海临港海洋高技术产业示范基地、江苏大丰海洋生物产业园、福建诏安金都海洋生物产业园等。深圳、青岛、厦门在海洋医药及生物制品产业化方面已形成集聚态势，青岛有海洋药物、海洋保健品以及海洋生化制品企业 30 余家，9 种海洋类新药取得一类新药证书，其他类别的药物有近 20 种。

3. 海洋可再生能源开发迈开步伐，海水综合利用初具规模

大连海上风电工作启动于 2008 年，目前正处于开发建设阶段，经与国家能源局和各级海洋、海事、港口等部门多次请示、沟通、协调，《大连市海上风电场工程规划报告》于 2013 年 7 月获得国家能源局批复同意。本次共规划了庄河和花园口两个区域 8 块场址，总装机容量 190 万千瓦，预计总投资 380 亿元人民币。根据各海上风电场场址开发条件，规划优先开发建设庄河海域 6 块场址、总容量 150 万千瓦的海上风电场，预计总投资约 310 亿元人民币。大连正研究以海上风电资源带动风电装备生产、专用船舶制造、技术研发、航运、金融等产业的发展。目前，大连海上风电场测风塔建设准备工作正抓紧开展，测风塔设计、地质勘测已完成，下一步将加快测风塔建设，为大连海上风电项目的实施奠定基础。

大连海水淡化与综合利用初具规模。目前，已建成的海水淡化项目总规模6.6万吨/日，主要为石化、电厂等企业自建解决工业用水。近期，计划建设的海水淡化项目还有西中岛、松木岛化工园区各5万吨/日，远期规划40万吨/日的建设规模，向园区内企业集中供应工业用水。同时，大连在海水淡化的研发设计、蒸馏法海水淡化装备制造和盐化工产业方面也具有一定的发展优势。大连船舶重工集团作为以色列IDE公司在中国地区唯一的设备供应商，承担了天津北疆电厂部分海水淡化装置的制造，并已做好开拓大型海水淡化装备市场的准备；大连重工起重集团也正着手承接大型海水淡化装备的制造。大化集团是国内盐化工的专业企业，海水淡化排放的浓盐水可为复州湾盐场生产溴素产品，提高盐产量，以及生产氯化镁、氯化钾、氯化钙等系列化工产品。在系统研发方面，大连理工大学已成功研发黄骅电厂1.25万吨/日MED海水淡化装置。说明大连具有开展大型海水淡化及综合利用，并带动相关产业集群发展的各种有利条件。

我国海水淡化及综合利用发展迅猛。浙江、山东、河北、天津等地相继建成一批日产万吨甚至十几万吨的海水淡化工程。截至2013年年底，全国已建成海水淡化工程103个，年淡化海水1.1亿吨。从分布看，北方以大规模工业用海水淡化工程为主，主要集中在天津、河北、山东等地的电力、钢铁等高耗水行业；南方以海岛民用海水淡化工程居多，主要分布在浙江、福建、海南等地，以百吨级和千吨级工程为主。天津市海水淡化成为全国领跑者，已有4家大型海水淡化企业，海水淡化总产能达到31.6万吨/日，天津滨海新区建立了国家级海水淡化产业试点园区。为贯彻落实好国家有关发展海水淡化产业政策，加快推动大连海水淡化产业发展，专题研究印发了《大连市人民政府办公厅关于加快推动海水淡化产业发展实施海水淡化示范工程的意见》（大政办发〔2012〕87号），提出了大连市加快推动海水淡化产业发展的总体思路、目标，以及实施海水淡化示范工程的重点项目、产业布局、工作任务、政策措施和职责分工。

4. 海洋牧场建设国内先行，资源养护型产业方兴未艾

作为辽宁省海洋产业发展重地，大连海洋牧场研究与建设起步较早，走在全国前列。大连现代海洋生物产业示范基地是目前仅有的4个国家科技兴海产业示范基地之一。该基地立足于大连海洋生物科技与产业优势，围绕海洋生物育种与健康养殖、水产品精深加工、海洋医药和生物制品研发等，辐射带动生态型海洋牧场先导示范区、大连名特优海洋生物良种示范区、海洋生物工程化养殖及装备制造示范区和海洋生物制品产业示范区发展。经过多年发展，大连在海底改造、增殖放流、藻场建设等方面取得了一定成绩，主要表现在：

（1）产业结构得到优化。通过几年来海洋牧场建设的不断推进，大连渔业企业不断对传统增养殖生产进行升级创新，不断增加水产养殖品种，积极

探索新的增长点，促进了集海上观光、休闲垂钓、潜水采捕、特色餐饮等多功能于一体的海洋牧场产业多元化发展。五年来，大连渔业企业自主培育新品种3个，引进新品种8个；新建省级良种场10家，5家企业获农业部国家级良种场批复建设；5家企业获"全国休闲渔业示范基地"荣誉称号。

（2）渔业资源得到修复。大连长期坚持渔业资源增殖放流，其中，中国对虾增殖放流连续实施近30年，车虾增殖放流连续8年，尤其近三年渔业增殖放流力度不断增大，已初步形成了以两虾（中国对虾和日本对虾）为主，鱼、蟹、贝为辅的增殖放流新格局。近五年，实际放流数量88亿尾，回捕产量1.5万吨，实现产值12亿元，直接投入产出比1∶10以上，惠及捕捞渔民4.5万人，渔民人均年增收达万元以上。

（3）海洋生态得到改善。大连于20世纪90年代开始就开展了海洋牧场实验性投入，财政支持人工鱼礁项目自2007年农业部批复大连项目资金开始。2010年以来，大连加大了人工鱼礁建设力度，至2013年全市已形成110处人工鱼礁，投入建礁资金12.7亿元，投放各种鱼礁930万立方米，改造海底27万亩。特别是以獐子岛渔业集团为代表的大型渔业龙头企业，近年来，通过投放人工藻礁进行藻场建设，在优化海洋生态环境、养护渔业资源的同时，也带来了丰厚的经济效益、生态效益和社会效益。

（4）保障能力显著提高。截至2013年，改扩建3座中心渔港、6座一级渔港和65座中小型渔港，为重点渔港和40马力以上渔船配备1.8万台套安全避碰和通信救助设备。新建24个国家及省级水产原良种场、6家县级水生动物疫病防治站，改扩建市级水产品质量安全检验中心和海洋渔业环境监测中心。建立市级渔业安全救助信息系统，纳入渔业互保渔民9.02万人次。

（5）发展步伐逐渐加大。从2011年开始，大连市海洋与渔业局把发展海洋牧场纳入全市海洋渔业工作重点，以长海县为先导示范，推动全市海洋牧场建设。截至2013年，全市累计安排海洋牧场项目134个，通过市发改委、市财政累计安排资金1.2亿元。发展海洋牧场及相关产业园区规模达40万亩，吸引社会投资30多亿元。为保障项目资金用到实处，市发展改革委、财政局等部门出台了《关于印发〈大连市政府投资农业重点园区基础设施项目建设实施细则〉的通知》、《关于印发〈大连市2012年海洋牧场建设项目实施办法〉的通知》及《关于印发〈大连市2013年海洋牧场建设项目实施办法〉的通知》等资金项目管理文件，保证了海洋牧场项目的建设效果，培育了海洋渔业经济新的增长点，促进了海洋渔业经济可持续发展。2014年编制的《大连市海洋牧场先导区建设规划（2011—2020年）》，率先提出全面实施海洋牧场全域化发展战略。按照规划，到"十二五"末期，先导区累计投资2.5亿元，2015年海洋牧场渔业产值突破100亿元，较2010年增长了1倍；2020年，渔业产值突破200亿元，上市公司达到3—4家，实现渔业产值五年翻一番、十年翻两番。

海洋牧场建设被称为海洋生物资源利用的一场产业革命。20 世纪 60 年代以来，美国、日本、韩国取得一系列建设成果和成功经验。在我国，广东省于 2004 年出台全国第一个地方性法规《广东省人工鱼礁管理规定》，到 2011 年，累计投资 8 亿元，兴建了 100 余座人工鱼礁区；2013 年，广东省中央海洋牧场示范区建设项目（农业部农办渔〔2009〕86 号批复）获中央财政补贴，分别建设 6 个人工鱼礁示范区。山东是全国人工鱼礁建设规模最大、管理最规范、效果最突出的省份之一，到 2013 年 10 月底，全省共建设规模以上的人工鱼礁区 170 多处，礁区面积 1.5 万公顷。《山东省人工鱼礁建设规划（2014—2020 年）》提出，到 2020 年，建设九大人工鱼礁带，40 个人工鱼礁群。2013 年，青岛完成总投资 2.2 亿元的黄岛区"蓝色牧场"项目。

5. 滨海旅游保持优势，文化品质成为竞争焦点

大连旅游产业起步较早，旅游基础深厚，经过持续创新发展，形成了以岛、海、泉和人文、景观、体验以及特色旅游为一体的旅游产业体系，特色鲜明。经多年发展，通过"全市域旅游"、"国际旅游港"、"蓝色旅游圈"、"世界滨海旅游名城"等创新概念引领，在产品转型升级、活动项目设计、场馆场地打造、服务空间拓宽、特色节事创新、旅游品牌塑造等方面取得显著成果，实现了旅游住宿、旅游交通、旅游餐饮、旅游购物、旅游娱乐设施等产业要素整合、品质提升，初步形成了"都市旅游 + 滨海旅游 + 全域化旅游"的空间格局和旅游沿海经济圈产业发展格局。

大连是"中国最佳旅游城市"之一，曾荣获"全球环境 500 佳"、"中国人居环境奖"和"国际花园城市"等殊荣。2011 年在首届中国旅游产业发展年会上，"浪漫之都·时尚大连"荣获"旅游宣传口号"第一名，成为大连城市形象的亮丽名片。

旅游业已成为大连第三产业高速增长的引擎，在第三产业中的主导地位日益明显，为经济快速、健康、协调发展注入了新的活力。大连拥有 A 级及以上景区 44 个，其中，5A 级景区 2 个，4A 级景区 11 个；旅行社 388 家，其中，出境旅行社 33 家；星级酒店 168 家，其中，五星级酒店 8 家，四星级酒店 25 家，在建的拟申请五星级饭店有 10 多家。全市接待国内外游客人数从 2005 年的 2065 万人次增加到 2013 年的 5349.9 万人次，旅游总收入从 2005 年的 210 亿元增加到 2013 年的 900.8 亿元。

旅游业的食、住、行、游、娱、购六要素全面协调发展，形成了比较完整的旅游产业链，荟萃了全国和世界多地的美食和名、优、特、新商品。各类宾馆、大型商厦、小商品市场和各具特色的超级市场、便利店、精品店、服装街、工艺品街等商业场所星罗棋布。酒店、商场、餐饮、娱乐场所的服务水平和公共信息图形符号逐步实现国际化。

调研中发现，青岛、宁波接待国内外游客数量和旅游收入已悄然超越大连。2013 年，青岛接待国内外游客 6289.59 万人次，实现旅游收入 937.19 亿

元；宁波接待国内外游客 6353.1 万人次，实现旅游收入 953.54 亿元。而河北、浙江、福建、广东等这些海洋旅游资源大省对海洋旅游业的认识已经超出"产业"本身，突出表现在挖掘旅游产业与城市历史的融合发展建设，把城市历史、城市文化、城市精神嵌入海洋旅游产业之中。河北注重海洋与历史的融合，展现古文化的灿烂辉煌；浙江注重海洋与商业的融合，突出"海上丝绸之路"的伟大壮举；福建注重海洋与军事的融合，传承捍卫国土的民族精神；广东注重海洋与现代经济的融合，彰显沿海开放城市的发展活力。

（二）存在的困难和问题分析

基于战略性新兴产业一般评价指标、理论分析，大连"五大产业"还有以下差距和不足。

1. 产业资源开发利用有待提高

大连地处北纬 38°—40°，属北半球的暖温带地区，具有海洋性特点的暖温带大陆性季风气候，气候条件非常适合海水经济动植物生息繁衍。－40 米等深内浅海水域面积 786 万亩，年自然海水水温 －1—27℃，盐度 25‰—32‰，营养盐丰富，浮游生物含量高。大连还濒临中国北方渔业著名的渤海辽东湾渔场和黄海北部海洋岛两大近海渔场，蕴藏和出产众多海洋生物，具有发展海水养殖业得天独厚的地理条件。这一地带是世界公认的最适宜海洋生物生长的纬度和海珍品原产地，出产的海参、鲍鱼、海胆、海带、裙带菜等，其抗病毒、抗心血管疾病、抗肿瘤、抗炎等药用和保健功能高于国内其他沿海城市。但截至目前，大连海洋药物生产水平仍处于起步阶段，保健功能产品占水产品加工总量的比重不到 5%。作为国内海岸线最长的城市，旅游岸线利用不到 300 公里，尚有 50% 以上适合旅游的岸线没有得到开发。大连化物所、大连理工大学、大连海洋大学等海洋资源综合研发能力及技术水平为国内一流，但在大连地方海洋新兴产业开发方面，优势没有最大限度地释放，成果转化与市场需求吻合度不高。

2. 产业创新能力有待提升

海洋工程装备制造领域，自主创新能力不足，核心技术欠缺，产业市场集中度不高，整体配套能力薄弱。以钻井平台为例，近 65% 的配套设备需从境外进口，绝大部分利润被境外配套供应商挤占。大连船舶重工、大连重工等企业均具备大型海水淡化装备制造能力，大连化物所、大连理工大学海水淡化系统研发已具备相当基础，但由于产业联动创新效应不强，大连海水淡化全链产业还没有形成。与先进的海洋牧场生产方式相比，大连的海水滩涂、池塘、浮筏、网箱等，基础设施与管理方式比较陈旧落后，90% 以上仍停留在 20 世纪 90 年代的水平。

3. 产业发展整合力度不够

多样性和开放性是海洋资源的最大特点，因此，发展海洋经济单靠一个部门、一个行业难以推进。相对山东、浙江、天津等省市，大连的调控监管服务多是以行业管理、部门管理为核心，往往造成管理上的重叠、冲突和空白，出现技术和产品开发无规划、无方向、无重点等短板问题，导致海洋科学技术总体实力较强，但由于力量分散、资源分散、经费分散，部门和地区之间的沟通与资源共享性差，影响了优势资源合理配置和利用。高层次人才储备不足，研发投入不足，资源和成果共享机制欠缺，产业集聚性不强，吸纳就业能力相对较低。

五　大连海洋新兴产业发展原则

借鉴国内外建设发展经验，海洋新兴产业相对于传统海洋产业的主要特征：一是没有可参照的一套成型产业体系；二是没有一套相对完整的政策体系。发展海洋新兴产业主要靠激发市场活力，创新体制机制，促进转型升级，增强内生动力，推动产业提质增效升级。

（一）坚持市场主导与政策扶持相结合

由于海洋资源与环境不确定性所决定，海洋产业有别于陆地产业的突出特点是高风险性。因此，推进海洋技术创新和产业化过程中，按照市场机制与政府行为引导相协调的机制，充分发挥市场在资源配置中的决定性作用的同时，政府政策扶持不可或缺。例如，市场可以在建立多元化投融资领域发挥杠杆作用，政府可以在健全基本公共服务支撑体系方面发挥保障功能。

（二）坚持重点突出与分类指导相结合

海洋新兴产业是一个按照时间、技术和规模标准划分的产业群，各个产业演进都带有各自的个性化特点。按照创建动态比较优势的思路，针对相关产业的成长阶段，采取"宜进则进、宜强则强、宜大则大、宜精则精"的指导方针。例如，海洋工程装备制造业的主攻方向是集中力量攻克关键技术，培育自主知识产权；海洋医药与生物制品业等幼稚产业主要是支持具有领先优势的技术和产品加快产业化进程，促进产业集聚；海洋牧场建设的关键是实现关联产业交叉融合，打造新型业态。

（三）坚持资源导向与绿色发展相结合

由于海洋环境外部性对诸如现代海水养殖业、现代海洋休闲业等发展具有负面影响。因此，这些产业既要坚持资源导向，打好自然资源禀赋这张牌，又要借鉴国内海洋新区开发规划先进经验，坚持生态优先原则，树立绿色发展、融合发展理念，促进资源优化配置。例如，一方面强化旅游岸线与原始生态景观的保护控制、海岛开发利用的规范管理等；另一方面做好海洋牧场与旅游、海水养殖与海洋牧场、海水养殖与滨海旅游等协同兼容的顶层设计，实现资源与环境、生态与产业、产业与产业相得益彰，共存共荣。

（四）坚持技术引领与体制机制创新相结合

高技术融入是新兴产业根本性特征，因此，现代海洋科技成果迅速转化应用是产业崛起的原动力。而高技术商品化、产业化、社会化不是单一政策措施所能破解的，需要多项配套手段方法综合运用。例如，海洋工程装备制造、海洋医药与生物制品的核心问题是自主创新能力提升，而大连不乏相关领域的智力资源，关键在于资源整合的管理体制机制创新。

（五）坚持融合发展与集约发展相结合

海洋牧场与海水养殖、海水养殖与海洋药物、海洋药物与生物制品产业之间存在很强的上下游产业关联效应。因此，必须优化海域空间资源与产业经济资源配置，实现海洋空间资源与产业经济资源的协同开发，提高两种资源利用效率。例如，大连大部分养殖活动在 −20 米等深线以内的浅海滩涂进行，如果推进到 −50— −30 米海域，不仅挖掘了养殖水域空间潜力，化解多元用海矛盾，而且为生物制品与海洋药物原料供应提供保证。但这需要深远海养殖的新材料、新设施、新装备支持，需要把海水养殖现代工程与海洋工程装备制造以及关联产业放在更高更大的平台上统筹规划。

六　大连海洋新兴产业发展重点

（一）海洋工程装备制造业

充分利用基础雄厚优势，巩固产业竞争地位，强化企业自主创新和关键领域科技攻关力度，进一步加大核心技术和关键配套产品的国产化、高端化、规模化，全面提升产业整体水平和综合素质，打造高端海洋工程装备产业集群。

1. 激发重点企业市场活力，做大总装产品生产能力和生产规模

面向国内外海洋资源开发的重大需求，以提升主流海洋油气开发装备和海洋工程船舶的研发制造能级和市场竞争能力为核心任务，培育专业设计能力，启动一批主流海洋工程装备和关键配套设备的核心技术研发及产业化项目，掌握总体设计技术和建造技术。在工程设计、模块制造、配套设备工艺、技术咨询等领域培育具备较强市场竞争力的专业化分包商，通过典型的工程总承包项目，实现从分包到总包的能力突破，培育形成较完整的海洋工程装

备产业链。逐步完善技术创新体系，提高工程管理水平，快速扩大市场份额，壮大产业规模。

重点产品导向：

（1）自升式海洋平台、半潜式海洋平台、钻井船、浮式生产储卸装置（FPSO）等主流海洋工程装备；

（2）液化天然气浮式生产储卸装置（LNG–FPSO）、浮式钻井生产储卸装置（FDPSO）、立柱式平台（SPAR）、张力腿平台（TLP）等新型海洋工程装备；

（3）物探船、工程勘察船、起重铺管船、半潜运输船、大型海上浮吊、风电设备安装船、多用途工作船、平台供应船等海洋工程船舶；

（4）钻井系统、油气生产系统、海洋平台电站、海洋平台集成控制系统、自升式平台升降系统、深海锚泊系统、动力定位系统、FPSO 单点系泊系统、铺管/铺缆设备、测井/录井/固井系统、水下采油系统、防喷器等海洋工程关键系统和专用设备。

2. 做大做强配套产业

着力改变船舶总装和配套产业发展的不平衡状态，大幅提高船舶配套能力和水平。加快自主品牌船用柴油机研发和产业化，推动船用动力系统、电站系统、舱室设备等优势配套产品进入高端产品市场，扩大市场占有率。建设船用柴油机二轮配套产业基地，完善本土化二轮配套体系。在船舶自动化控制和系统集成等方面取得重要突破。加大配套产业招商引资和合资合作力度，拓展核心系统和配套产品系列，推进陆用配套设备向海洋工程装备配套领域的发展。

重点产品导向：

（1）自主品牌中速柴油机、智能型柴油机、LNG 船用双燃料发动机；

（2）大功率船用曲轴、高压共轨燃油喷射系统、智能化电控系统、高效增压器等柴油机关键部件和系统；

（3）大型推进装置、高端船用发电机、船舶电站、电力推进装置等电力系统和动力传动装置；

（4）液货舱装卸集成装置、遥控阀门、污水处理装置、海水淡化装置、船用锅炉等舱室设备；

（5）新一代综合船桥系统、符合 IMO 规范的船用导航雷达系统、新型船用陀螺罗经等通信导航和自动化系统；

（6）大型船用铸锻件。

3. 深化基础共性技术研究

推进研发平台建设，主要依托大连骨干科研机构，完善海洋工程装备的科研试验设施，在装备总体、功能模块、核心设备等领域，打造若干产品研发和技术创新平台。深化结构设计、流体力学、安全评估、风险控制等基础共性理论研究，加强船舶、海洋工程装备、核心系统和配套设备等领域的共性技术研究，开发共性设计软件，开展海洋工程装备建造标准体系研究，掌握高端船舶开发关键技术，突破关键系统的总体设计和集成技术，提升综合集成能力，缩小与世界先进水平的差距。支持骨干企业（集团）设立海洋工程装备研发平台，建设深海公共测试场，鼓励高校、科研院所、中小型企业联合设立共性技术研发平台，逐步完善以企业为主体、产学研用相结合的技术创新体系。

重点研究导向：

（1）船型设计理论和方法研究、船体结构安全检测及结构优化研究；

（2）船舶水动力性能预报优化技术、与船型优化相关联的流体力学预报技术研发、CFD技术在船舶流体力学研究中的应用；

（3）深海设施运动性能及载荷分析预报技术研究、深海设施动力响应及强度分析技术研究；

（4）浮式结构物恶劣海况下安全评估技术研究、海洋工程装备风险控制技术研究等。

（二）海洋医药和生物制品业

抢抓海洋医药研发突飞猛进产业尚处于孕育时期和海洋生物制品成为开发热点产业正朝阳兴起的两大战略机遇，抓住海洋生物资源和科技资源密集两大资源优势，推进陆地高新技术向海洋资源开发转移，构建以企业为主导的研发体系，打造国家级海洋新生物产业集聚区。

1. 构建海洋生物原料产业体系

生物原料是新海洋生物产业的基础，原料产业的结构、品种的多少，直接影响着深度加工业水平的高低与竞争力的强弱。利用大连海洋生物资源禀赋优势，推进由"群体资源利用（捕捞业）—遗传资源利用（增养殖业）—产物资源利用（新生物产业）"转型升级，融合现代海水健康增养殖技术，提高海洋药物和生物制品海洋生物原料培植能力，构建面向国内外市场的新型海洋生物原料产业基地。

2. 创建海洋新兴生物产业示范区

积极推进辽宁（大连）现代海洋生物产业示范基地建设，依托大连双港生物医药产业基地建设基础，强力促进规划中的"大连海洋生物医药产业园"建设，创建国家级现代海洋生物产业示范区，吸纳面向国际的高端企业和高端中试产品，形成具有自主知识产权、国际竞争主动权的海洋医药产业化技术创新体系及配套技术体系。建立海洋药源生物种质资源库、海洋生物天然产物化合物库和海洋天然产物的新药创制平台，作为我国北部海洋经济圈中的典型示范。

3. 建设海洋功能保健食品市场体系

以扩大市场占有率和提升市场竞争力为导向，进一步扩大生产能力和生产规模，强化生产和供应链的安全性与系统性。建立以企业为主体的自主创新体系，支持龙头企业及科研院所开展产学研合作，促进科技成果转化。进一步做大现有 11 个海洋保健功能食品国家驰名商标，鼓励和扶持企业创建更多有大连特色产品进入国家品牌行列，形成大连海洋功能保健食品产业整体核心竞争力，实现产业标准化、品牌化、规模化。

4. 明确产品研发重要方向

具体产品研发如下：

（1）海洋药物。重点研发海洋生物毒素和海洋微生物高特异活性物质等海洋生物药源的海洋新药，推进海洋藻类活性物质、海洋药物"河豚毒素"项目建设，支持海洋寡糖、生物毒素、小分子药物、海洋中药等海洋新药开发，积极开发以高纯度海洋胶原蛋白、海藻多糖、贝壳糖、荧光蛋白等为原材料的新型医用生物材料和新型疾病诊断试剂。通过药源生物种质发掘、种质创制、规模化制种和培育，开展海洋药源、药食同源生物的规模化生产。

（2）海洋生物制品。重点围绕海洋功能材料、海洋微生物制剂、海洋渔用疫苗等，以海洋生物多糖及蛋白质资源为对象，利用现代生物工程、酶工程、生物化工程及发酵工程等生物技术，通过海洋生物制品产业化关键技术的集成，实现海洋功能材料、海洋微生物制剂、海洋渔用疫苗、新型海洋生物源化妆品的产业化。

（3）海洋功能食品。优先发展优势资源、天然资源及药食同源的保健食品，加快发展功能饮品、膳食补充剂，重点开发海洋胶原多糖、多肽蛋白质、海洋生物源降压肽、海洋生物源抗氧化肽、特殊氨基酸、海洋脂类及其衍生物、壳聚糖及海洋生物糖类衍生物等为主要成分的海洋健康食品和功能食品。重点选取一批有效成分含量高、易获取和人工繁育的海洋生物，进行生物活性物质的筛选和提取分离，制成海洋功能食品。

（4）海洋生物酶制剂。利用现代酶制剂技术，强化源头创新，解决海洋生物酶制剂产业关键技术，提高海洋生物酶制剂产品的质量和水平，形成一批具有知识产权的现代海洋生物酶制剂产品。

（三）海洋可再生能源及海水综合利用业

提高海水利用技术水平，降低生产成本，提升市场供给能力，拉长电、热、水、盐一体化海水综合利用产业链条，逐步形成技术研发、装备制造、原材料生产和盐化工产业集聚发展的产业格局，打造中国海水淡化技术研发和生产高地。

1. 优化产业布局，建设一批重点项目

（1）重点电力、石化企业的海水淡化项目布局。到 2020 年，新建、扩建、完善华能电厂、华能二热、庄河电厂、红沿河核电站、普兰店热电厂、大化大孤山热电厂、大化松木岛热电厂等热电、电厂的海水淡化项目；实施西中岛石化产业园区公用工程能源中心的海水淡化项目，为西中岛中石油大型炼油项目及其他石化企业提供配套服务；实施长兴岛西部石化区为恒力石化（PTA）等项目配套的海水淡化项目。

（2）重点海水淡化区域布局。根据产业规划、海水淡化条件，确定海水淡化重点园区为：瓦房店红沿河循环经济区，长兴岛临港工业园区、松木岛化工产业园区、大孤山石化产业园区，花园口新材料产业基地，庄河循环经济区，瓦房店太平湾化工园区。这些重点园区新增工业用水主要采用海水淡化水，新增电力、石化项目全部采用海水淡化水。

（3）重点海水综合利用项目布局。大化集团是国内重要的盐化工企业，海水淡化排放的浓盐水可为复州湾盐场生产溴素产品，提高盐产量，以及生产氯化镁、氯化钾、氯化钙等系列化工产品。倡导西中岛石化产业园区发展绿色循环经济，综合利用海水淡化排放的浓盐水作为生产烧碱、氯气、提溴素及氢溴酸的主要原材料。

（4）重点海上风电项目布局。建设庄河和花园口区海上风电场工程，发展海上风电输电创新技术，建设海上风电场配套电力输出工程。优化能源结构、拉动关联产业，以海上风电资源开发带动风电装备生产、专用船舶制造、技术研发、航运等产业发展。

（5）重点设备研发制造布局。大连船舶重工集团、大连重工·起重集团、中国第一重型机械集团均具备大型海水淡化装置的研发和设备制造能力，将作为大连大型海水淡化装置的研发和设备制造基地。

（6）重点技术咨询服务布局。中国科学院大连化物所、大连理工大学在蒸馏法海水淡化系统研发方面已具备相当基础，在此基础上，再联合电力、石化等设计咨询单位，形成大连海水淡化研发、设计、咨询服务产业。

2. 明确发展方向，推进重点工作进程

（1）着手组织实施大连海水淡化发展规划。城市新增用水，原则上应优先使用海水淡化水。积极发展海水淡化产业，创建国家级海水淡化示范城市，并成为国家海水淡化示范城市。

（2）支持大化集团结合松木岛化工产业园区、大孤山石化产业园区海水淡化项目，建成以海水淡化作为重要水源的海水淡化示范工业园区，园区中电厂、石化项目的工业用水全部采用海水淡化水，并将其中日产水万吨以上的项目申请列入国家级海水淡化示范工程；在松木岛化工产业园区开展浓盐水综合利用，争取列为国家浓盐水综合利用示范项目。

（3）将瓦房店红沿河循环经济区建成海水淡化和温海水综合利用示范区。

（4）鼓励支持长兴岛临港工业区发展为海水淡化综合利用产业示范区。

将海水淡化水作为长兴岛工业用水主要水源，建设国家级海水淡化示范海岛，并争取将该海水淡化项目列入国家海水淡化重大示范工程；在西中岛石化产业园区建设海水淡化项目，开展浓盐水综合利用，实现海水淡化→浓盐水、温海水综合利用→海水淡化设备研发和制造一体化的绿色循环经济产业示范区发展目标，争取列为国家浓盐水综合利用示范项目。

（5）继续鼓励支持长海县选择远离陆地、居民较多、淡水匮乏的海岛采用多种方式发展海水淡化，将海水淡化水作为新增供水的第一水源，建设国家级的海水淡化示范海岛。

（6）选择一个合适的区域，采用大连自主研发、设计、制造的设备，筹划建设一个日产能 5 万吨及以上的海水淡化项目，在提供工业用水的基础上，试点与市政供水管网并网，作为城市供水的应急储备水源，争取列入国家海水淡化重大示范工程。

（7）鼓励和支持大连船舶重工集团、大连重工·起重集团、中国第一重型机械集团，以企业为主体，以技术装备为核心，依托示范项目，联合研究机构、院校、工程设计咨询单位在大连建立海水淡化产业基地。

（8）鼓励和支持沿海电厂、热电厂实施海水淡化。对已经建成的项目要考核淡化水生产量及质量，对未按规划要求建设的项目要补充建设规模，鼓励有条件的发电企业实现水电联产扩大海水淡化规模。

（9）鼓励和支持沿海石化企业实施海水淡化。中石油大石化厂在保持既有日产能 5500 吨海水淡化项目的基础上，研究扩大海水淡化规模，实现企业工业用水全部采用海水淡化水和中水回用的目标。恒力石化厂应充分利用自身优越条件，建设大型海水淡化项目，用海水淡化水解决自用工业脱盐水。

（四）现代海洋牧场产业

推进人工鱼礁投放向现代海洋牧场建设迈进，依照产业经济机理，建设发展资源养护型产业，创建国家级海洋牧场先导示范区。

1. 构建现代海洋牧场新兴产业

海洋牧场是集牧业、农业、渔业于一体的新型业态。积极引导以人工鱼礁限于生物链形成的同时，推进以渔场造成及改良、渔业资源培养与补充、渔场环境保护与修复、渔业资源管理与服务等独立产业链的构建，形成现代海洋牧场产业。现代海洋牧场作为系统工程建设其内容主要包括八个方面。

（1）生境修复与优化。通过投放人工鱼礁、建设海藻场（包括海草场）、滩涂改造等，修复和优化鱼贝类等水生动物的生态环境，为其营造舒适、安全的生息场，使永驻鱼贝类和一些需在牧场海域滞留的洄游鱼类等，能够正常地索饵、避害、成长、成熟、繁育及扩大种群，养护和增大资源量。生息场是指鱼贝类等水生动物生活栖息的场所，包括产卵场、索饵场、越冬场、滞留场等生命周期的不同阶段生活栖息的场所。

（2）健康苗种的生产培育。通过先进的遗传学等现代生物技术，借助苗种选育技术，遴选优质种鱼、种贝，通过多倍体、杂交等多种现代生物技术，筛选优良性状，生产具备多种优良遗传性状的抗病、抗逆健康苗种，培育具备丰富遗传多样性的幼体，确保种质资源的健康。

（3）生物资源增殖放流。针对一些重要经济鱼贝类的资源量减少的情况，通过繁育健康种苗进行增殖放流，以补充幼仔鱼贝类的野生资源量，达到快速恢复资源量、增加渔业产量的目的。

（4）鱼类行为驯化与控制。对海洋牧场内的鱼类需要适度进行人工驯化与控制，使其能够滞留于海洋牧场的一定范围内，以有利于索饵、成长、繁育和采捕。对于鱼类的行为驯化和控制可采用音响刺激方法进行训练；对于滩涂贝类幼体的移动控制，可采用改变流向流态的方法进行适度控制，使其驻留在一定的海域生长、成熟。

（5）环境监测与预警。采用海洋牧场环境因子实时监测系统，对海洋环境因子如水温、盐度、pH 值、溶解氧、浊度、叶绿素等进行动态监测，实时掌握海洋牧场中的环境变化，并结合天气预报等对灾害性海况做出预警，通过预警平台建设辅助海洋牧场的日常管理。

（6）渔具渔法的改良与限制。海洋牧场限制生态破坏性渔具渔法，通过渔具渔法的改良，捕大放小，并开发针对特定生物的捕捞网具，同时通过海中设置障碍物以阻止破坏性渔具作业，保护资源和生态环境免受破坏。

（7）生物资源监测与评估。利用声呐、摄像、标识等方法监测生物资源的变化，掌握海洋牧场生物的数量变动，为评估海洋牧场建设效果，确定增殖放流的种类、数量以及采捕量提供科学依据。

（8）牧场看护、管理及法律法规。海洋牧场的看护与管理是决定其建设成功与否的关键。看护主要是指看护好牧场生物，不得非法违规采捕；管理是指管理好牧场设施，如人工鱼礁、牧场标识设施等不得受到破坏和损坏等。海洋牧场的规划、建设、管理需要依据法律法规实施，要根据国家相关的法规制定海洋牧场建设与管理的法律法规，为海洋牧场发展提供法律保障。

2. 按照《大连市现代海洋牧场建设整体规划（2014—2020 年）》提出的"四区、两中心、一体系"的空间布局结构全面推进海洋牧场建设

"四区"即东部海域（以长海县特别是獐子岛为代表）建设底播贝类、刺参、鲍等海珍品及深水鱼类资源养护型的综合性海洋牧场；南部海域建设以生态修复、休闲观光、垂钓、休闲潜水、现代滨海旅游、酒店服务为一体的休闲型海洋牧场；渤海海域（旅顺、金州、瓦房店沿海等）建设以底播滩涂贝类、刺参（包括底播、圈养）等为主的海珍品增殖型海洋牧场；黄海北部海域（普兰店、庄河沿海）建设以贝类养殖为主的滩涂型贝类海洋牧场区。"两中心"即建设以多倍体等现代生物技术为支撑的生物苗种繁育中心，繁育苗种种类包括经济鱼类、虾蟹类、刺参、鲍等海珍品、高值贝类等；以

真空冻干技术、无菌包装技术等为主的现代化精深加工中心。"一体系"即建设以现代物流、渔港、营销等为一体的现代服务体系及音响驯化、环境监测等高新技术为支撑的科技服务体系，即现代海洋牧场生物产业科技服务体系。

3. 建立融合多种关联产业的产业集群

融合都市型休闲渔业、滨海体验式旅游业、资源养护产业等新型业态。增强海洋牧场建设的技术内涵和文化内涵，建立集生产、生态、生活于一体的新的知识型生产系统，推进低端单一的资源利用方式向高值型、复合型产业集群模式转化。

4. 建设海洋牧场先导示范区

示范区建设以沿岸空间为中心陆海统筹管理，进行区域综合开发，统驭海域生态环境、技术管理、经济发展和社会建设，形成牧场后方腹地、港区团地、水中团地有机联结的新型海洋生态经济复合团地，实现生态、经济、社会综合效益的稳步提升，实现渔业、渔村、渔民的协调发展。

（五）海洋文化旅游业

推进产业发展模式多样化，实现海滨观光旅游向海洋休憩旅游发展。推进产业文化软实力建设，实现由注重资源设施导向向资源设施与文化品质并重导向转变。推进旅游空间资源的概念性整合，实现"全市域大旅游"产业集群发展。

1. 按照《大连市旅游沿海经济圈产业发展规划（2011—2020 年）》提出的"一环一岛、四片十区"的空间布局结构全面推进海洋旅游业发展

"一环"即由沿黄渤海的国家海岸和北部温泉走廊共同组成的环大连全域的旅游度假环。"一岛"包括大连市黄、渤海海域范围内的所有自然岛屿和规划填海岛屿，打造成为旅游度假群岛。"四片"即南部都市旅游片区、西部渤海旅游片区、东部黄海旅游片区和北部生态旅游片区。"十区"包括庄河—花园口旅游经济区、金石滩旅游度假区、钻石湾商务旅游区、旅顺口历史文化旅游区、金渤海岸旅游度假区、普湾商务旅游区和长兴岛旅游经济区等。

2. 推进产业转型升级

根据不同的地域风格、不同的消费层次、不同的体验种类，建立多样化的发展模式。促进旅游业由粗放型、数量型、速度型向集约型、质量型、效益型转变。在旅游运行方式上，由团体化服务体系向散客化服务体系转变；在旅游产品开发上，由观光主导型产品向休憩体验型产品转变；在旅游产业功能上，由经济产业功能向社会产业功能转变；在行业管理模式上，由部门管理向行业管理转变。

3. 优化产业空间关联

促进区域资源优化配置，形成产业发展合力，推进旅游资源空间的概念性连接，实现"线"旅游，开发周边海岛旅游连接线路，形成海岛数日游。挖潜300公里尚未旅游开发的岸线资源，促进空间开发的整体平衡，加大滨海和北部生态旅游开发。促进区域文化融合，在区域旅游产业空间关联中融合海洋渔业文化、历史文化、民俗文化资源等，彰显区域文化特色。

4. 提升产业发展品质

提升旅游要素品质，在吃、住、行、游、购、娱等多环节上提升层次，推进规范化、情感化、专业化服务。提升文化品质，由环境导向向文化导向转变，在活动项目设计、场馆场地打造、产业空间拓展、特色节事创新、特色品牌塑造等嵌入文化内涵。打造特色旅游精品，发展海滨高尔夫旅游、海岛生态休闲旅游、海洋高科技产业旅游等，彰显大连的海洋特色。

七 大连海洋新兴产业发展的措施与建议

（一）深化体制改革，增强内生动力

1. 积极培育市场主体

（1）壮大龙头企业及行业协会。扩大企业规模，发挥龙头企业的引领带动作用，在技术创新、人才引进、建设研发和产业化基地建设等方面制定有针对性的支持政策。建设行业协会，增强协会力量，引导行业发展方向，推动共用性资源的合力开发。

（2）发展壮大产业园区及基地。借鉴国内外海洋新兴产业园区建设经验，做好长远规划，研究不同发展阶段下的建设模式和特点，加快园区体制机制创新，增强园区发展动力。

（3）对特殊行业实施特殊政策。海洋医药和生物制品关系到民众生命健康，研发周期长、投入高、风险大，因此需要特殊的政策，建议在财政扶持、金融支持、土地利用、税收等方面对企业提供特殊政策。

2. 以市场为导向优化资源配置

（1）挖掘优势资源潜力。利用大连海洋生物资源优势，建立面向国际的海洋医药与生物制品原料供应基地；利用大连岸线资源优势，拓展旅游产品开发，形成各具特色的旅游产业带；利用大连高校及科研院所优势，提高海洋资源综合研发能力，推动科技成果转化。

（2）促进产业融合发展。利用海洋工程装备制造业的技术和设备提高海水淡化装置的生产和研发能力；利用海洋牧场现代休闲渔业发展模式提升海洋文化旅游品质；利用海水养殖新技术、新产品拓展海洋医药与生物制品研发空间。

（3）优化海域资源配置，节约和集约利用海域资源。建立海域开发利用的主导功能区、兼容使用区及功能拓展区，在不对海域基本功能造成不可逆转改变的前提下，实施立体开发、兼容使用的开发模式。

3. 设立专门的海洋新兴产业管理和协调机构

成立"海洋科学技术协调委员会"等专门机构来管理和协调海洋新兴产业的相关事宜，其主要职责包括提高公众对海洋及沿海资源经济价值的认识，加强技术产品的开发，密切产业界、科研机构和大学的伙伴关系，组织有关海洋资源开发的重大经济项目和环境项目研究，协调产业发展过程中的矛盾等。该机构不仅可以负责制定海洋新兴产业的发展规划，协调相关部门的各项工作，还可以促进海洋科技资源的整合，加速海洋高新技术的产业化进程，以此促进大连海洋新兴产业的健康持续发展。

4. 制定海洋新兴产业发展整体规划

（1）制定《大连市海洋新兴产业发展规划》，将其纳入《大连市国民经济和社会发展第十三个五年规划纲要》中，并出台《大连市推进海洋新兴产业发展指导意见》。

（2）制定"五大产业"发展专项规划。统筹协调各相关部门，制定《大连市海洋工程装备制造业发展规划》、《大连市海洋医药及生物制品业发展规划》、《大连市海洋可再生能源业发展规划》、《大连市现代海洋牧场建设整体规划》和《大连市海洋文化旅游业发展规划》，优化产业布局，明确发展方向，突出建设重点，提升配套服务。

（3）加强组织领导，强化规划的指导和引领作用，确保各项规划落到实处，建立规范的产业规划实施评估机制，根据形势变化适时修订规划内容。

（二）坚持创新发展，推动转型升级

1. 加强体制创新

吸收多学科专家建立海洋新兴产业发展咨询委员会，研究大连海洋新兴产业发展过程中面临的重大问题，制订海洋新兴产业规划实施方案，细化分解主要任务，落实责任单位。支持行业协会建设公共服务平台，参与海洋新兴产业发展的政策研究、法规制定、规划编制、咨询评价、标准制定、技术攻关和产品推广等工作。创新管理方式，研究将中关村国家自主创新示范区开展的境外并购外汇管理试点政策拓展至大连重点海洋工程装备制造企业。规范各级涉海管理部门的职责划分，进一步完善项目用海预审制度和审核工作，完善项目专家评审制度，加强对海域使用论证的管理。

2. 强化技术创新

鼓励科研院所、企业积极开展科技研发，加大研发投入，提升自主创新能力。整合资本、技术、人才等要素，集中精力攻克海洋工程装备业核心技术，巩固提升海水淡化及综合利用技术，突破创新海洋医药与生物制品研发生产技术。加强高校、科研院所与企业的联系，提高高校教师、科研人员对行业的认识程度。加大人才引进与培养力度，面向国际引进行业发展高端人才，在大连相关高校及职业技术学校实施"五大产业"定向人才培养，满足产业发展不同层次的人才需求。

3. 推进科技成果转化

优先推动海洋关键技术成果的转化应用，鼓励发展海洋工程装备技术、海洋生物医药技术、海水利用技术等促进海洋经济从资源依赖型向技术带动型转变以及形成通过海洋新兴产业园区等产业化服务平台实现的海洋科技成果快速转化，为海洋新兴产业的发展提供强有力的技术支撑和应用平台。

4. 促进结构优化升级

（1）改造提升海洋传统产业。引导企业转型升级，鼓励通过高新技术的渗透和扩散来改造、提升传统产业，提高传统产品的功能和质量，通过工艺升级、产品升级、功能升级等多种形式，推动产业向高端化发展。

（2）积极培育海洋新兴产业。在培育海洋新兴产业的过程中，要充分考虑大连资源禀赋，按照分类指导原则，确定重点攻关方向。海洋工程装备制造业应提高市场集中度，着重发展高端钻井平台及配套设备，化解造船行业的产能过剩；海洋可再生能源业着力健全产业链，提高综合开发能力；海洋牧场主要应转变传统生产方式，提高科技含量，改善修复海域生态环境；海洋文化旅游业关键是提升产业文化品质，培育高端旅游产品。

（三）优化发展环境，激发产业活力

1. 加大财政扶持力度

（1）积极争取国家和省级海洋经济专项资金支持，设立海洋新兴产业发展政府基金，主要用于产业发展经费补助、公共平台建设等，着力支持重大关键技术研发、重大创新成果产业化等。

（2）建立稳定的财政投入增长机制，加强金融资本与财政资金的结合，科学制订海洋新兴产业财政激励政策的具体实施方案，采取贷款贴息、无偿补助、股权投资、债权投资等多种扶持方式，对技术研发、产业化、重大项目、产业集群等环节进行多方面支持。

（3）落实国家战略性新兴产业相关财税政策，通过股权投资、奖励、补助、贴息、资本金注入、财政返还、税收减免等多种方式加大扶持力度。

2. 建立金融服务支持体系

（1）建立海洋科技金融体系。开展科技成果、知识产权抵押贷款等新融资服务方式，建立海洋科技创新研发风险投资机制，开发具有针对海洋科技创新风险的保险产品。以国家政策性资金、地方财政资金、银行资金及社会资金共同组建设立海洋新兴产业技术成果转化风险投资基金。探索建立海外融资平台，服务企业开发国际市场的需求。

（2）创新开发海洋金融产品。大力发展金融租赁业务，重点支持大型设备投资及技术研发，支持符合条件的金融机构设立金融租赁公司从事租赁融资业务。推动完善适合海洋高新技术服务外包业态的多种信用层级形式，加大对海洋服务外包产业配套服务的信贷支持。

3. 完善投融资机制

（1）完善银行贷款担保机制。针对海洋新兴产业技术含量高、研发周期长的特点，引导各级银行等金融机构加大对海洋新兴产业投融资担保力度，在涉海企业中开展专利权、股权、商标权等新型权属质押贷款业务，引导银行对创新发展区域示范的重点工程和项目加大信贷支持力度。积极扶持区域内的风险投资机构，吸引外来风险投资基金拓展业务。

（2）拓宽投融资渠道。建立以政府投资为引导，社会资本广泛参与的多元化投资机制。鼓励外商投资海洋新兴产业，提高外资利用质量；鼓励企业或个人等各类民间资本参与组建风险投资机构，完善风险投资退出机制，鼓励和支持有条件的企业上市融资；鼓励有条件的企业根据国家战略和自身发展需要在境外以发行股票和债券等方式融资；引导各金融机构建立针对海洋新兴产业的信贷体系和保险担保联动机制，促进知识产权质押贷款等金融创新。

（3）优化投资软环境。在政务、政策、法规、市场、服务等方面改善和提升投资软环境，提高政府服务水平。

（4）设立风险投资基金。以国家政策性资金、地方财政资金、银行资金及社会资金共同组建海洋新兴产业技术成果转化风险投资基金，针对海洋新兴产业投资风险高的特点，通过风险投资鼓励和促进技术成果转化。

4. 培养海洋科技人才

海洋新兴产业随着海洋科技的发展而发展，需要大量科技人才作为坚强的发展后盾。要把海洋科技人才的培养、引进、激励与合理使用作为一项战略任务来抓。完善海洋教育结构，建构科学合理的人才培养体系，分层次制订人才培养方案，有针对性地开展系统的人才培训，加强培训力度；加大人才引进力度，促进人才的国际合作与交流；建立合理的用人机制和激励机制，鼓励和促进人才的创新活动；做好各类人才储备，优化人才结构，尤其要注重复合型人才的培养和高层次人才的培养、选拔、引进，以全方位的海洋新兴产业人才战略的实施，为大连海洋新兴产业发展奠定坚实基础。

（四）加强国际合作，提高开放水平

1. 构筑国际交流与合作平台

打造面向东北亚的"北方海上丝绸之路"，发挥与俄罗斯、日本、韩国等周边国家区域经贸合作的优势，在海洋新兴产业市场拓展、投资贸易便利化、跨国交通物流、电子口岸互联互通等方面先行先试，把大连建设成为北方国际经济合作试验区。推进海洋新兴产业国际化创新基地建设，培育若干具备行业领军优势的基地，促进国内外行业领军企业在基地内集聚发展。加快国际孵化器、成果转化基地建设，依托产业创新基地，结合产业特点，分行业领域深化国际合作，全面提升大连海洋新兴产业发展水平。

2. 建立技术合作创新联盟

支持科研院所、企业等与国际知名院校、机构、企业、专家等开展海洋新兴产业技术交流与合作，组建一批以企业为主体、产学研用紧密结合的国际合作联盟，建立突破性技术创新激励机制，促进关键核心技术的重大提升与突破。支持科研单位到国外设立技术监测站及研究开发分部，积极参加国际海洋联合项目，跟踪、了解先进海洋科技和产业的发展趋势，努力解决好海洋新兴产业发展过程中的关键问题。

3. 鼓励企业实施"走出去"发展战略

鼓励和支持有条件的企业以独资或合资方式在省外、境外建立原料基地、生产基地、营销中心和经贸合作区，开展境外海洋资源合作开发、国际劳务合作、国际工程承包等。加大对企业境外投资的外汇支持力度，简化境外投资审批程序，扩大企业境外投资自主权。支持符合条件的企业通过并购、合资、合作、参股等方式在海外设立研发中心，或与海外研发机构建立战略合作关系。鼓励有条件的企业在海外投资建厂，探索在海外建设科技型产业园区。

参考文献

［1］Commission of the European Communities, An Integrated Maritime Policy for the European Union. Brussels, Belgium, 2007.

［2］International Oceanographic Commission, National Ocean Policy. The Basic Texts from: Australia, Brazil, Canada, China, Colombia, Japan, Norway, Portugal, Russian Federation, United States of America, UNESCO, IOC Technical Series 75. Paris, France, 2007, pp. 54 – 73.

［3］The Fisheries and Oceans Canada, Canada's Oceans Action Plan for Present and Future Generations, Ottawa, Canada, 2005.

［4］International Oceanographic Commission, National Ocean Policy. The Basic Texts from: Australia, Brazil, Canada, China, Colombia, Japan, Norway, Portugal, Russian Federation, United States of America. UNESCO, IOC Technical Series 75. Paris, France, 2007, pp. 4 – 41.

［5］Rodrik, D., Industrial Policy for the Twenty – first Century. Paper Prepared for UNIDO, 2004.

［6］Lall Reinventing Industrial Strategy: The Role of Government Policy in BuildIndustrial Competitiveness, The Intergovernmental Group on Monetary Affair and Development, 2003.

［7］Barnes, Kaplinsky, Industrial Policy Developing Economics: Developing Dynamic

Comparative Advantage in South African Automobile Sector. Competition and Change, 2004, 8 (2), pp. 153 – 172.

[8] Bianchi, International Handbook on Industrial Policy. Northampton: EdwardElgar, 2006.

[9] Luc L. Soete, From Industrial to Innovation Policy. *Journal of Industry, Competition and Trade*, 2007, 7 (3), pp. 273 – 284.

[10] Balakrishnan, P., Parameswaran, M., Pushpangadan, K., Babu, M. S., Liberalization, Marketpower, and Productivity Growth in Indian Industry [J] . *Journal of Policy Reform*, 2006, 9 (1) , pp: 55 – 73.

[11] Bonardi, J. P., Holburn, G. L. F., Bergh, R. G. V., Nonmarket Strategy Performance: Evidencefrom US Electricutilities [J] . *Academy of Management Journal*, 2006, 49 (6), pp. 1209 – 1228.

[12] David Doloreux, Yannik Melan on, Innovation – support Organizations in the Marine science and Technology Industry: The Case of Quebec's Coastal Region in Canada. *Marine Policy*, *Volume* 33, Issue 1, January, 2009, pp. 90 – 100.

[13] David Leary, Marjo Vierros, Gwena lle Hamon, Salvatore Arico, Catherine Monagle, Marine Genetic Resources: A Review of Scientific and Commercial Interest. *Marine Policy*, Volume 33, Issue 2, March 2009, pp. 183 – 194.

[综 述]

在线拍卖价格的影响因素研究:对实证
文献的一个分析

高彦彦 孙 军

摘 要 与现场拍卖相比,在线拍卖在降低交易成本的同时增加了信息不对称,由此引发逆向选择和道德风险问题。作为中间商的在线拍卖平台,通过构建声誉机制来降低道德风险;卖方积极利用拍卖平台来发送产品信号,降低逆向选择和竞标风险;竞标者则在估价参考中进行策略性竞价。运用在线拍卖平台提供的大量数据,已有实证文献对在线拍卖中的声誉机制、卖方行为和竞标者策略与拍卖价格之间的关系进行了全面深入的研究。本文基于已有实证文献对在线拍卖价格的影响因素进行综述。

关键词 在线拍卖 信息不对称 声誉机制 成交价格

一 引 言

信息技术革命几乎对所有传统行业带来颠覆性的影响。作为最古老的行业,拍卖业也因此而重新焕发出活力。诸如 eBay 和淘宝之类的在线拍卖平台,把世界各地潜在的拍卖交易者集中起来,对各种产品进行拍卖。为了应对在线拍卖平台带来的竞争,传统拍卖企业把其业务部分转至线上。一些专业性的在线拍卖平台也应运而生。除此之外,在线拍卖也可以成为一些电子

[作者简介] 高彦彦,男,经济学博士,东南大学经济与管理学院讲师,研究方向为产业经济;孙军,经济学博士,淮海工学院商学院副教授。

[基金项目] 本文是国家社会科学基金重点项目(15AJL004)、国家社会科学基金青年项目(12CJY040)和教育部人文社会科学基金青年项目(14YJC790107)的阶段性研究成果。

商务平台获取退换货产品收益的渠道。① 因此，在线拍卖成为一种日益重要的产品交易形式和企业竞争手段。

自从 Friedman（1956）和 Vickrey（1961）关于拍卖问题的开创性研究以来，经济学家们对拍卖理论进行了全面系统的研究，比如 Myerson（1981）、Milgrom 和 Weber（1982）以及 Klemperer（1999）对拍卖理论的文献回顾等。但是，在在线拍卖兴起之前，对拍卖理论的实证检验由于数据收集的困难而无法充分展开。在线拍卖平台为拍卖研究者检验拍卖理论、研究拍卖双方交易行为和拍卖价格决定问题提供了数据支持。作为世界最大和最早的在线拍卖平台，eBay 自 1995 年成立以来不仅促成了不计其数的交易，也催生了许多以 eBay 拍卖数据为基础的拍卖研究（Hasker and Sickles，2010）。②

相对于传统的现场拍卖，以互联网为基础的在线拍卖消除了拍卖的时空限制和运营成本（Ariely and Simonson，2003），还增加了一些新的交易成本：由交易双方的信息不对称而导致的逆向选择和道德风险。为了解决这些问题，现有在线拍卖平台的主要措施是通过建立交易互评系统来约束卖方的机会主义行为；拍卖方则充分利用拍卖平台发送产品质量信号，降低信息不对称下的逆向选择；竞标者则充分利用拍卖平台上的各种信息对产品进行估价和进行策略性竞价。本文将从网络拍卖平台的声誉机制、拍卖方的信号发送以及竞标者的估价和竞价策略三个视角来梳理实证文献对在线拍卖价格影响因素的研究。

接下来，本文安排如下：第二部分集中考察在线拍卖平台降低信息不对称的核心声誉机制——交易互评反馈系统对成交价格的影响；第三部分概括卖方的信号发送行为对缓解信息不对称和拍卖价格的影响；第四部分则分析竞标者的估价参考和竞标行为与拍卖价格之间的关系；第五部分总结全文。

二　声誉的价值

在线拍卖所面临的挑战是如何降低拍卖双方的信息不对称问题。类似于"柠檬市场"（Akerlof，1970），信息不对称下的逆向选择和道德风险会导致交易市场的萎缩。在卖方具有产品质量信息优势的情况下，如果不能约束卖方的机会主义行为，竞标者对拍卖品的评价和出价意愿将会低于实际价值，而卖方只会把更差的产品置于在线拍卖平台之上。因此，逆向选择将导致较低的成交价格。Dewan 和 Hsu（2004）的实证研究得到证实：在 eBay 上进行

---

① 例如，嘉德拍卖公司运用嘉德在线来进行在线拍卖。国内专业性的在线拍卖平台如孔夫子旧书网、爱亚卡普信鸽拍卖网，等等。京东夺宝岛为京东商城销售退换货产品的专门网页，每天拍卖数以千计的二手产品。

② 关于早期拍卖理论及其运用的文献回顾，可以参见 Laffont（1997）。

拍卖的成交价格比在美国一家专业邮票拍卖网站 （Michael Rogers, Inc., MR）上拍卖的成交价格要低 10%—15%。

在线拍卖中因信息不对称导致的道德风险是指卖方在中标者付款之后不如实地寄送产品给中标者。这种潜在的风险将导致竞标者不愿意参与在线拍卖。作为对接交易双方的中间商，在线拍卖平台解决信息不对称的一个核心机制是交易互评系统：双方可以在交易结束后对对方信誉进行评价。基于差评会损害其未来收益的考虑，卖方会避免采取机会主义行为。因此，卖方良好的声誉可以吸引竞标者参与竞标，提高其支付意愿，以及提高拍卖成交价格，而声誉溢价则进一步促进卖方通过诚信经营来投资声誉。

大量的实证文献运用 eBay 在线拍卖数据检验了声誉机制能否提高拍卖成交价格及其影响机制。例如，Dewan 和 Hsu（2004）证实了卖家声誉可以缓解 eBay 拍卖中的逆向选择问题，有助于提高拍卖成交价格和成交概率。同样，基于 eBay 的拍卖数据，Houser 和 Wooders（2006）及 Lucking - Reiley 等（2007）分别发现，在电脑 CPU 拍卖和收藏硬币的在线拍卖中，卖家声誉可以显著提高成交价格。Resnick 等（2006）通过在 eBay 拍卖旧明信片进行声誉控制实验，结果发现，具有良好声誉卖家的成交价格比新的卖家要高出 8.1%。周黎安等（2006）和 Przepiorka（2013）分别利用易趣公司和 eBay 的大样本拍卖数据发现，卖方信誉既有助于提高成交价格，也有助于提高成交概率。

在大部分在线拍卖平台上，声誉系统既包含好评情况，也包含中评和差评情况。那么，不同类型的评价及其变化如何影响拍卖的成交价格呢？实证研究发现：

（1）卖方声誉对成交价格影响具有非对称效应。Zhang（2006）的实证研究区分了拍卖方作为卖者的好评率和作为买者的好评率，结果发现，仅有拍卖方作为卖者的好评对成交价格和成交概率具有显著的促进作用，作为卖者的差评对成交价和成交概率具有显著的抑制效应，且差评的价格抑制效应比好评的价格提升作用更大。Lucking - Reiley 等（2007）对 eBay 硬币拍卖数据的实证研究也发现好评和差评对成交价格的非对称效应。

（2）卖方声誉变化对成交价格具有显著影响。Livingston（2005）的实证研究表明，最初的几个好评可以增加竞标者数量，给卖方带来可观的回报，但是，更多好评的边际回报具有很强的递减效应。Cabral 和 Hortaçsu（2010）通过分析 eBay 卖方的历史信息发现，卖方初次获得差评将会导致其周销售率从 8% 下降至 5%，且声誉越差的卖方更可能退出 eBay。

（3）声誉机制影响成交价格存在条件性。Bapna 等（2008）在对在线拍卖价格演化过程的研究中发现，尽管较高的卖方评价与价格正相关，但是，在时间较长的拍卖中对价格的促进效应较弱，而且，评价较低的卖方延长拍卖时间反而对价格产生负效应，而评价较高的卖方则可以通过延长拍卖时间来获得较高的成交价格。Ye 等（2013）在对 eBay 和淘宝交易的一个比较研究中发现，声誉在 eBay 上提高了产品交易的价格，而在淘宝上则导致了更大的交易量，其原因是，声誉机制受卖方市场结构影响：卖方较少的市场，声誉与价格呈正向关系，而卖方较多的市场，声誉仅仅促成交易。

但是，一些文献认为，不应高估交易评价系统在缓解在线拍卖中信息不对称上的作用。例如，Jin 和 Kato（2006）在购买 eBay 上在线拍卖的棒球卡并对其进行专家评级后发现，交易互评系统并不能阻止卖方的欺骗行为，买方容易受不实信息误导，花更多的钱买入产品。声誉仅增加了买方的竞标意愿和提高成交概率，但是，对成交价的影响并不显著。Dewally 和 Ederington（2006）利用 eBay 上漫画书拍卖数据发现，尽管声誉对拍卖价格具有促进作用，但其重要性不及第三方认证。

还有一些研究专门探讨了 eBay 评价系统的有效性。例如，Aperjis（2010）的研究表明，对过去的评价采用相同的权重，即公布卖方所有历史交易评价得分，会激励卖方做虚假广告。因此，eBay 改公布卖方历史总交易评分为公布过去 12 个月好评率的做法是对的。在赋予近期评价更多权重时，卖方在声誉的回报递增时比在声誉回报递减时会更加诚实。但是，从解决道德风险的角度来看，Dellarocas（2005）的理论研究认为，eBay 简单"好评"或者"坏评"二元声誉机制能够导致最大的拍卖效率。

尽管一些实证研究对在线拍卖平台通过声誉机制来抑制机会主义行为的重要性和有效性存在不同意见，但总体而言，在线拍卖数据表明，声誉机制有助于抑制卖方信息优势下的机会主义行为，从而提高拍卖的成交价格和效率。因此，现实中几乎所有的在线交易平台都允许和鼓励交易双方对交易过程进行互评。

三　卖方如何推高价格？

当然，除了声誉机制，卖方作为在线拍卖交易的最主要获利者，具有更强的经济激励在在线拍卖平台上发送产品质量信息，投资声誉资产，以增强交易信任，从而提高竞标者的支付意愿和拍卖的成交价格。

（一）信息发送

受交易收益的刺激，在线拍卖方总会积极地向潜在竞标者发送产品质量信息，如上传产品图片、提供详细的产品文字描述和交易提醒等，或者积极投资于可以增强竞标者信任的因素，如好评率、第三方支付和认证等，以吸引竞标者，从而提高竞标者的估价、出价和成交价。卖方的信息发送有助于降低不对称信息下的逆向选择问题，大量的实证文献检验了卖方的信息发送行为对拍卖价格的影响。

　　例如，Dulaney 和 Wiese（2011）、Lewis（2011）、Van Der Heide 等（2013）利用 eBay 在线拍卖数据进行的实证研究中发现，上传产品照片或者详细描述拍卖品可以通过缓解在线拍卖市场上的信息不对称而显著提高拍卖成交价格。Zhou（2012）的实证研究表明，卖方标明拍卖品的附件情况也会提高在线拍卖的成交价格。信息公布和拍卖效率之间的正向关系也在 Goeree 和 Offerman（2003）的实验研究中得到证实。有经验的卖方总是充分利用在线拍卖平台来展示产品信息，吸引竞标者，从而提高拍卖成交价格和成交概率（Goes et al.，2013）。又如，在京东夺宝岛的二手品拍卖中，作为卖方的京东商城总是把同款新品的售价标在拍卖品旁边，从而发挥着拍卖品价值信任作用，极大地提高了拍卖效率（高彦彦，2015）。

　　正是由于信息发送可以增强竞标者对卖方的信任，并给卖方带来经济收益，卖方总是愿意投资于这些信息。Przepiorka（2013）运用 eBay 上近 176000 个样本发现，由于在线拍卖中声誉溢价的存在，卖方会积极地通过一口价交易对声誉进行投资，并凭借好声誉从更高拍卖成交价中获得回报。因为网络拍卖中买方的估价会受技术和业务专家的影响（Wang et al.，2013），缺乏信誉记录的卖家则可以诉诸其他途径，如提供第三方认证和评估信息，来增强竞标者对其信任程度，从而提高拍卖成交价格（Dewally and Ederington，2006）。

（二）拍卖设定

　　在线拍卖平台的卖方可以自主设定拍卖时间、起拍价、保留价和加价幅度。基于在线拍卖数据的实证研究分析了这些选项对拍卖价格的影响机制与程度。

　　由于可以吸引更多的竞标者参与到在线拍卖中来，大量的实证研究（如 Ariely and Simonson，2003；Lucking - Reiley et al.，2007；Dewally and Ederington，2004；Zhang，2006）表明，时间较长的拍卖更容易产生更高的成交价格，从而增加卖方收益。但也有不同的研究结果：Gonzalez 等（2009）运用 eBay 上的计算机显示器拍卖数据研究竞标者的策略行为，结果发现，拍卖时间与最终成交价格以及竞标者人数之间关系微弱，声誉好的卖方往往会缩短拍卖时间，因为他们无须通过延长时间来吸引更多的竞标者。

　　与拍卖时间和价格之间相对简单的线性关系相比，起拍价和保留价与拍卖价格之间的关系更加复杂。理论研究表明，卖方可以通过设定一个合适的保留价来增加其收益（Myerson，1981；Riley and Samuelson，1981）。如果只有一个竞拍者，设保留价至少可以保证卖方获得一个保留价收益。如果竞标者的估价不是相互独立的，保留价则可以提高竞标者对拍卖品价格的估计（Milgrom and Weber，1982）。Hossain（2008）的理论分析表明，在第二价格拍卖中，如果存在一些竞标者不确定拍卖品的价值，但他们可以通过当前出价来估计自己的支付意愿，那么秘密保留价可以鼓励竞标者出价，以获取更多信息，从而会提高拍卖价格。

那么，实证研究能否支持上述理论解释？Dewally 和 Ederington（2004）以 eBay 上白银时代的漫画拍卖为研究对象，发现存在秘密保留价大约使拍卖减少了 1.5 个竞标者，但是，对竞标者的支付意愿没有太大的影响。Katkar 和 Reiley（2007）利用 Pokémon 卡在 eBay 上进行的对比拍卖实验表明，与起拍价相比，相同大小的保留价大幅减少了竞标者，结果使拍卖成功的概率下降30%，使卖方的平均收益下降了 10%。Bajari 和 Hortaçsu（2003）基于 eBay 拍卖数据发现，由于竞标成本的存在，较高的起拍价将会降低竞标者的期望收益，从而减少竞标参与者，因而设定一个较低的起拍价和一个秘密保留价可以增加卖方收益。因此，较高的保留价和起拍价往往会通过减少竞标者进入而降低成交价格和卖方收益。

但是，如果进一步考虑到保留价的其他功能，那么起拍价和保留价也可以提高成交价格和卖方收益。Ariely 和 Simonson（2003）的研究结果表明，当起拍价发挥着产品价值参考作用且不存在可替代的拍卖品时，设定一个起拍价可以提高竞拍的成交价格。Lucking－Reiley 等（2007）的实证研究发现，起拍价只有在产生约束作用，即仅有一个竞标者时，才会显著影响拍卖价格；保留价之所以提高拍卖价格，是因为它也发挥着竞标者的作用，促使拍卖的成交价必须高于保留价。Gonzalez 等（2009）进一步支持了保留价的这种作用机制。

卖方还可以对竞标者的加价幅度进行限定：有些卖方设定每次加价的幅度，另一些卖方仅设定每次加价的最小幅度，即竞标者可以跳跃出价。Bapna 等（2008）和 Raviv（2008）对多产品英式在线拍卖的实证研究发现，允许跳跃出价总体上会提高成交价格，从而提高拍卖的配置效率。Bapna 等（2003）分析了 B2C 在线拍卖数据，发现加价水平的设定影响消费者非均匀分布的出价策略，并基于此给出一个使拍卖商收益最高的最优的加价上限。

由于较低的进入门槛，在线拍卖方面临着更大的竞争。市场竞争一方面会降低卖方的机会主义行为，另一方面会使卖方相互学习和模仿——每个卖方都学会充分利用在线拍卖平台发送产品信息。正如 Dewally 和 Ederington（2006）对 eBay 上漫画书拍卖数据的分析，96.5% 的卖方都提供了产品扫描图片。

（三）托标

在电子商务平台上，由于同一个用户可以轻松注册多个账户，卖方既可以通过与自己进行虚假交易来累积声誉，也可以扮演竞标者参与到拍卖中来，以抬高产品拍卖价格。后一种情况即卖方的"托标"（shill bidding）行为。尽管诸如 eBay、淘宝、京东夺宝岛等在线拍卖平台均禁止卖方托价，但并没有一个有效的措施来阻止这种行为。那么，在线拍卖中的托标现象有多普遍？它能否提高拍卖成交价格，从而给卖方带来更高的收益？

Chakraborty 和 Kosmopoulou（2004）的理论分析表明，在线拍卖中卖方的托标既不会增加卖方收益，也不会增加买方收益，只是增加拍卖平台的收益。如果竞标者意识到卖方的可能托标行为，其出价会倾向保守，此时托标不仅不会提高拍卖价格，还会增加自己中标的概率，结果使卖方损失一个与成交价成某个固定比例的佣金。因此，拍卖平台由于更可能获得佣金而没有激励去阻止卖方的托标行为，但是，卖方也无法从托标中获得好处。Kosmopoulou 和 De Silva（2007）的实验研究进一步支持了上述结论。

一些基于 eBay 拍卖数据的实证研究也支持了上述理论预测。Engelberg 和 Williams（2009）认为，eBay 的代理出价系统使卖方可以通过一种"发现就停止"（Discover – and – stop）策略找到竞拍者最高出价意愿，并依此估计出 eBay 拍卖中的托标比例仅有 1.39%。正如理论预测的那样，他们发现，均衡条件下托标可以给 eBay 带来更高的收益。Hoppe 和 Sadrieh（2007）比较了三种不同设定下的 DVD 和收藏硬币拍卖：（1）低起拍价；（2）低起拍价和 60% 面值的秘密保留价；（3）低起拍价和随后一个为面值 60% 的托标，结果发现，三种设定下的拍卖收益并没有显著差异。因此，托标并不能给卖方带来更高的收益。

为什么卖方托标不能提高拍卖价格？除 Chakraborty 和 Kosmopoulou（2004）基于竞标者对可能托标采取策略性行为进行的解释之外，还有两个现实因素导致卖方托标的困难：（1）卖方并不知道竞标者的估价，因而无法知道何时参与拍卖才可以让其他竞标者出更高的报价，而不是导致交易失败；（2）在诸如 eBay 等拍卖平台上，拍卖结束时间是固定的，结果竞标者往往在拍卖快要结束时进行"狙击"出价（Bajari and Hortaçsu，2003），这使卖方没有足够的时间去"托标"。

四　竞标者的估价、竞标策略与拍卖价格

（一）估价参考

当竞标者因信息不对称而不确定拍卖品的价值和自己的支付意愿时，他们会利用各种线索来估计产品价值。有经验的卖方总是积极向潜在竞标者发送产品价值信息，该信息一旦被竞标者所接受，将有助于提高拍卖价格。卖方发送的一些能够直接反映产品价值的信息，如书面价值、第三方评估价值以及一口价对竞标者估价具有很强的参考作用，从而有助于提高竞标者的出价意愿和成交价格（Dulaney and Wiese，2011；Lucking – Reiley et al.，2007；Dewally and Ederington，2004；Popkowski Leszczyc et al.，2009；高彦彦，2015）。

在线拍卖平台往往采用英式拍卖，后出价者可以观察到此前的出价，因而竞拍者之间对拍卖品的估价不再相互独立，而且竞标者可以轻易地对相同产品拍卖进行横向对比。因此，竞标者的估价参考可以分为单一产品拍卖中的估价参考和多项产品拍卖中的交叉估价参考。

1. 单一产品拍卖中的估价参考

在单一产品拍卖中，已有报价具有信息披露的作用，它一定程度上反映了竞标者对拍卖品的偏好，也揭示了其他竞标者对拍卖产品的估价信息，从而具有产品价值参考作用（Ariely and Simonson, 2003; Kauffman and Wood, 2005）。但是，在固定结束时间的在线拍卖中，竞标者的"狙击"出价策略会使拍卖前中期的出价太少，以致这些出价对拍卖品价值的参考作用有限。

卖方出于对高价品低价成交的顾虑而设定的起拍价和保留价也可以成为拍卖品价值的参考信息。Ariely 和 Simonson（2003）的实证研究表明，由于起拍价对产品价值的参考作用，起拍价提高 1 美元将导致销售价格提高 0. 8 美元。但起拍价的估价参考作用仅限于信息不对称的情形。Trautmann 和 Traxler（2010）的实证分析却发现，在不存在信息不对称的虚拟足球运动员的在线拍卖中，起拍价不再对虚拟球员的转手价格具有心理上的参考效应，而仅仅在只有一个竞标者时起着防止成交价格太低的作用。这与 Riley 和 Samuelson（1981）的理论预测以及 Lucking–Reiley 等（2007）的实证研究结论一致。

2. 多项产品拍卖中的估价参考

在多个相同产品同时或重叠拍卖的环境下，竞标者通过交互参考各拍卖中的竞拍价格对当前拍卖品进行估价。Zhou（2012）运用 eBay 拍卖数据进行的实证研究发现，同项拍卖品之间在加价、声誉、附件以及竞拍激烈程度等方面的差异均会显著影响当前拍卖的加价，而且这种交叉参考效应在拍卖后期比拍卖初期更强。Anwar 等（2006）基于 eBay 的拍卖数据也发现，竞标者在类似产品拍卖中选择当前价格水平较低的拍卖进行竞拍，进行交叉竞标而中标的成交价格低于未进行交叉竞标时的成交价。此外，Bapna 等（2009）的实证分析进一步表明，在相同产品的重叠拍卖中，之前的拍卖对于当前拍卖具有价格揭示作用，而且提供更多相同产品拍卖将显著降低拍卖价格。

那么，竞标者交叉参考作用有多强烈？能否在同种产品的不同拍卖中产生一个相等的均衡成交价格？这可能是一种理论上的结果。现实中，由于竞标者不断进入和退出，且交叉参考涉及时间成本，即便是相同产品拍卖，都无法实现一个完全相同的成交价格。正如 Dulaney 和 Wiese（2011）的实证研究所显示的，同质礼品卡在线拍卖的成交价格与礼品卡价值之比存在很大差异。但是，具体哪些因素会导致一价法则的实现，仍是一个开放的研究课题。

（二）竞标人数

竞标者人数无疑是影响拍卖价格的重要因素。它通过两个渠道影响拍卖价格：估价空间和竞标激烈程度。竞标者越多意味着更大的估价空间、出价上限和成交概率；更多竞标者会增加竞标的激烈程度，从而提高成交价格。Zhang（2006）基于 eBay 在线拍卖数据的研究表明，竞标次数与成交概率和成交价格之间存在显著的正向关系。

当竞标者不确定拍卖品的价值而需参考他人出价时，竞标者人数将对拍卖价格产生更大的影响。换言之，关联估价时竞标者数量与成交价格之间是正向关系。Goeree 和 Offerman（2003）的实验研究发现，增加竞争和减少对共同价值的不确定性将会提高拍卖的效率和收益。一项基于大样本在线拍卖数据的实证研究（Kauffman and Wood，2005）和一项基于 DVD 在线拍卖数据的实证研究（Simonsohn and Ariely，2008））均发现了竞拍过程中的"羊群效应"：竞拍者竞价给其他竞拍者带来这件商品值得拍下的信息，吸引更多的竞标者出价，从而推动拍卖价格上升。Dewally 和 Ederington（2004）的实证分析表明，增加一个竞标者会促使在线拍卖的成交价格提高 2.4%，而未能预测到的竞标者每增加一个，将会使成交价格提高 5%。Bapna 等（2008）对在线拍卖价格演化过程的研究发现，竞标者的增加对拍卖价格提升的影响随着拍卖接近结束而降低。由于拍卖临近结束时当前价格已经处于一个较高的水平，我们并不难理解新增竞标者对当前价格递减的推升效应。

在在线拍卖成交价格的估计中，竞标者人数是一个内生变量。它往往与影响拍卖成交价格的遗漏变量存在很强的相关性。这就需要寻找竞标者人数的工具变量。一些对在线拍卖中竞标者进入决策的实证研究为选择竞标人数的工具变量提供了参考。Bajari 和 Hortaçsu（2003）、Lucking – Reiley 等（2007）基于 eBay 上收藏硬币的拍卖数据进行的研究发现，起拍价和硬币面值会显著影响竞标者人数。Dewally 和 Ederington（2004）运用秘密保留价、好评率、认证、拍卖时间长度、相对最低出价以及预测价格等因素来估计竞标者的数量。这些决定竞拍者是否参与拍卖的外生因素为竞标者人数提供了潜在的工具变量。

正是基于这些竞标者进入决策的研究，Livingston（2005）运用起始出价占面值的比值和好评率作为竞标者数量的工具变量，来估计在线拍卖成交价格的影响因素。Gonzalez 等（2009）在运用结构模型来分析 eBay 显示器拍卖中竞标者的策略性行为时则把拍卖持续时间用作竞标者数量的解释变量，理由是拍卖持续时间对价格的影响并不大，有经验的竞标者会对此作出反应。Onur 和 Velamuri（2014）进一步使用相连拍卖结束时间之间的间隔、周末虚拟变量以及卖方评分作为竞标者数量的工具变量，结果发现，采用两阶段最小二乘法估计出来的系数超过了 OLS 估计的 3 倍。

（三）竞标策略

随着拍卖经验的增加，竞标者很容易发现竞标激烈程度对拍卖成交价格的影响。理性的竞标者将会采取一些策略性出价行为，选择适当的出价时机和幅度，以降低竞争程度和免受其他竞标者的影响，防止"赢者诅咒"发生。

1. 竞价时机

在刚性（固定）拍卖结束时间下，竞标者往往采取"狙击"出价策略，即在拍卖即将结束时出价。与 eBay 的刚性结束时间不同，亚马逊在线拍卖采取弹性结束时间：如果在规定的拍卖时间结束之后的 10 分钟内没有更高的出价，那么拍卖结束；否则，拍卖自动延长 10 分钟，直至无人出更高价。Roth 和 Ockenfels（2002）比较这两种不同结束规则下的竞标者行为，发现在 eBay 上超过 2/3 的出价提交于拍卖结束前的半个小时，而在亚马逊上仅有不到 1/4 的出价提交于预定结束前的半个小时。其模型表明，刚性结束时间时竞标者对加价竞标的最优反应是"狙击"出价。Ariely 等（2005）的实验比较分析表明，拍卖结束规则差异可以解释 eBay 和亚马逊上竞标者出价行为的差异，且发现竞标者的经验会强化这一差异。由于刚性结束时间下竞标者策略性延迟出价的激励较低，亚马逊拍卖的收益和效率要高于 eBay 拍卖。

与多次出价一起，"狙击"出价还被解释为竞标者在独立私人价值下的学习行为。Hossain（2008）的研究表明，不确定拍卖品价值的竞标者利用多次出价以及起拍价等来获取或者调整产品估价信息，而知道价值的竞标者则采用狙击策略，限制其他竞标者的学习行为。

如果出价具有价格披露作用，竞标者则可能采取提前出价策略。Winter（2008）提供的证据表明，想要隐藏私人估价信息的竞标者会推迟出价，而想要收集估价信息的竞标者会提前出价。因此，即便拍卖结束时间是刚性的，有经验的竞标者并不一定都集中在拍卖后期出价。Borle 等（2006）对 eBay 上 15 类消费者产品的拍卖数据进行的分析也表明，不同类产品的多次竞价和延迟竞价情况存在差异，但是，发现有经验的竞标者会在期初和期末竞价，而较少在同一拍卖中多次竞价。

有经验竞标者的策略性竞标行为还表现为：当意识到卖方存在潜在的"托标"行为时，他们会相应地降低出价（Chakraborty and Kosmopoulou，2004）；当存在多种产品同时拍卖时，他们会在不同拍卖品之间进行比较，对当前出价水平较低的拍卖予以关注，通过交叉比较以一个较低的成交价竞得拍卖品（Anwar et al.，2006）。

2. 竞价幅度

在线拍卖中，有些竞标者的出价会超过单次加价的最小幅度，即跳跃出价。那么，为什么竞标者要这样做？简单的分析可能会归结为竞标者的非理性行为。如果这样，跳跃出价将会导致更高的拍卖价格。正如 Kim（2005）的实证分析显示，冲动性竞标者支付更高的成交价格，而且分析性竞标者则更加依赖卖方声誉来出价。Avery（1998）首先对跳跃出价进行了解释，认为在存在关联价值的英式拍卖中，竞标者以选择出价方式与其他竞标者交流，跳跃出价是竞标者试探性地向竞争对手发送其赢标意愿的理性行为。这就为竞标者隐性合谋提供空间，即通过促使其他竞标者放弃竞标来降低拍卖成交价格。但是，如果其他竞标者无法正确理解到该信息，则也有可能激起其他竞标者的出价热情。

Isaac 等（2007）认为，跳跃出价行为是出于竞标者的战略性考虑或者缺乏耐心。这对于通常持续若干天的在线拍卖具有很强的解释力：跳跃出价可以节省时间，缺乏耐心的竞标者更喜欢较早地报出更高的出价。此时，跳跃出价可以导致更高的拍卖效率，同时也可以增加竞标者从参与竞拍获得的期望效用。Easley 和 Tenorio（2004）认为，与现场拍卖相比，在线拍卖的进入成本和对未来进入不确定的成本可以解释跳跃出价。基于一个理论模型和在线拍卖数据，他们发现，跳跃出价更可能出现在拍卖的早期，此时跳跃出价有更大的战略价值，即它可以减少总出价次数，降低竞标成本。

因此，有经验的竞标者所采取的策略性竞标行为可能会抑制成交价格。大量的实证研究支持了这一预测。例如，Pownall 和 Wolk（2013）的研究发现，由于竞标者的学习行为，10 次以上的竞拍经验会降低 26% 的竞标价格。Garratt 等（2011）的拍卖实验和 Kostandini 等（2011）基于 eBay 同质产品拍卖数据的研究均表明，有经验的竞标者过度竞标的倾向更低，会以一个较低的平均价格购得同质产品，从而导致更低的拍卖效率。

（四）"赢者诅咒"

在共同价值拍卖中，竞标过于激烈或者竞标者对拍卖品价值的过于乐观会导致"赢者诅咒"，即成交价格超过了拍卖品的实际价值。过多的竞标者、对竞拍品搜寻过少以及缺乏竞拍经验是导致竞标者出价过高而不能及时对"赢者诅咒"进行调整的重要原因（Bajari and Hortaçsu，2003；Ariely and Simonson，2003；Easley et al.，2010）。但真正令人感到惊讶的是，"赢者诅咒"还普遍发生在存在明确价值上限的在线产品拍卖中。Malmendier 和 Lee（2011）通过把 eBay 上各类拍卖品的最终价与同款产品一口价进行比较，发现，42% 的拍卖最终价超过了一口价，17% 的竞标者的出价曾高于一口价。产品质量、运输成本、卖方声誉以及拍卖经验等均无法解释这种过度出价行为，尽管把一口价标于拍卖品附近有助于降低过度竞价。此外，另一项基于 eBay 上的亚马逊礼品卡拍卖的研究（Jones，2011）也提供了类似的证据：41.1% 的拍卖成交价高于礼品卡的面值，即亚马逊官方在线销售的价格。这种现象仅能解释为"拍卖热"，即由竞标过程激发的由赢标获得的额外效用。

五　结论

本文基于以在线拍卖数据为基础的实证研究从在线拍卖平台、卖方和竞标者三个视角探讨在线拍卖价格的影响因素。相对于传统的现场拍卖，在线拍卖降低了交易成本，拓展了拍卖品的价格空间，增加了拍卖品的市场竞争，同时也带来了更严重的信息不对称。实证文献探讨了交易平台机制设计、拍卖方发送产品信息的努力以及竞标者的竞标策略如何通过缓解信息不对称和影响竞标者估价和出价行为对拍卖价格产生的影响。研究结果发现：

第一，作为中间商的在线拍卖平台通过交易互评系统和提供第三方支付系统来缓解信息不对称下的逆向选择和道德风险。以 eBay 在线拍卖数据为主的实证研究表明，该声誉机制的确有助于增强交易双方信任，提高竞标者的支付意愿和拍卖成交价格。

第二，受更高收益的激励，卖方积极利用在线拍卖平台发送产品质量信息，对声誉进行投资，以降低在线拍卖中的逆向选择问题，并通过充分利用拍卖平台上的选项来降低拍卖风险、吸引竞标者进入或提供产品价值信息。实证研究表明，卖方的信息发送和拍卖设定对竞标者行为和成交价格具有重要影响。

第三，给定卖方行为和平台规则，拍卖价格取决于竞标者以其对拍卖品估价为基础的竞标策略。缺乏拍卖品估价信息的竞标者可以以拍卖内外的因素为参考进行估价。竞标者人数通过影响估价空间和竞标激烈程度来影响拍卖成交价格和成交概率。竞标者的策略性竞价行为有助于披露产品价值信息，缓解竞标激烈程度，从而抑制拍卖的成交价格。而过度的竞标、过于乐观的估价以及赢标的心理效用则会导致"赢者诅咒"。

基于在线拍卖数据的实证研究不仅检验和发展了经典的拍卖理论，也对理解拍卖参与者的行为和优化在线拍卖规则具有重要的指导作用。但是，目前的在线拍卖实践主要集中于英式增价拍卖，而在线拍卖价格的实证研究也主要集中于这类拍卖平台的数据，这意味着，设计在线降价或密封拍卖，以及收集不同类型在线拍卖数据并比较其效率差异，将是未来在线拍卖实践和实证研究的重要方向。此外，尽管近些年来我国在线拍卖交易发展迅速，在线拍卖网站提供了大量的交易数据，但是，以这些数据为基础的实证文献并不多见。[①] 因此，基于中国在线拍卖数据研究各类拍卖的价格形成机制，检验和发展已有拍卖理论，以及评估和改善已有拍卖平台效率，是一个有待于我国拍卖研究者深入开拓的重要领域。

[①] 除了周黎安等（2006）关于在线拍卖声誉机制的研究，仅有褚荣伟、拱晓波（2007）和孙丽丽等（2010）有限的实证文献探讨了在线拍卖成交价格的影响因素。

参考文献

[1] Akerlof, George A., 1970, The Market for "Lemons": Quality Uncertainty and the Market Mechanism [J]. *The Quarterly Journal of Economics*, 84 (3), pp. 488 – 500.

[2] Anwar, Sajid, Robert McMillan and Mingli Zheng, 2006, Bidding Behavior in Competing Auctions: Evidence from eBay [J]. *European Economic Review*, 50 (2), pp. 307 – 322.

[3] Aperjis, C. and R. Johari, 2010, Designing Reputation Mechanisms for Efficient Trade. Available at SSRN, http://ssrn.com/abstract = 1596839.

[4] Ariely, Dan, Axel Ockenfels, D. Ariely, A. Ockenfels and A. E. Roth, 2005, An Experimental Analysis of Ending Rules in Internet Auctions [J]. *RAND Journal of Economics*, 36 (4), pp. 890 – 907.

[5] Ariely, Dan, and Itamar Simonson, 2003, Buying, Bidding, Playing, or Competing? Value Assessment and Decision Dynamics in Online Auctions [J]. *Journal of Consumer Psychology*, 13 (1 – 2), pp. 113 – 123.

[6] Avery, Christopher, 1998, Strategic Jump Bidding in English Auctions [J]. *The Review of Economic Studies*, 65 (2), pp. 185 – 210.

[7] Bajari, Patrick and Ali Hortaçsu, 2003, The Winner's Curse, Reserve Prices, and Endogenous Entry: Empirical Insights from eBay Auctions [J]. *The RAND Journal of Economics*, 34 (2), p. 329.

[8] Bapna, R., S. A. Chang, P. Goes and A. Gupta, 2009, Overlapping Online Auctions: Empirical Characterization of Bidder Strategies and Auction Prices [J]. *MIS Quarterly*, 33 (4), pp. 763 – 783.

[9] Bapna, R., P. Goes, A. Gupta and G. Karuga, 2008, Predicting Bidders' Willingness to Pay in Online Multiunit Ascending Auctions: Analytical and Empirical Insights [J]. *Informs Journal on Computing*, 20 (3), pp. 345 – 355.

[10] Bapna, Ravi, Paulo Goes, and Alok Gupta, 2003, Analysis and Design of Business – to – Consumer Online Auctions [J]. *Management Science*, 49 (1), pp. 85 – 101.

[11] Bapna, Ravi, Wolfgang Jank and Galit Shmueli, 2008, Price Formation and Its Dynamics in Online Auctions [J]. *Decision Support Systems*, 44 (3), pp. 641 – 656.

[12] Borle, S., P. Boatwright and J. B. Kadane, 2006, The Timing of Bid Placement and Extent of Multiple Bidding: An Empirical Investigation Using eBay Online Auctions [J]. *Statistical Science*, 21 (2), pp. 194 – 205.

[13] Cabral, Luis and Ali Hortaçsu, 2010, The Dynamics of Seller's Reputation: Evidence from eBay [J]. *The Journal of Industrial Economics*, 58 (1), pp. 54 – 78.

[14] Chakraborty, Indranil and Georgia Kosmopoulou, 2004, Auctions with Shill Bidding [J]. *Economic Theory*, 24 (2), pp. 271 – 287.

[15] Dellarocas, Chrysanthos, 2005, Reputation Mechanism Design in Online Trading Environments with Pure Moral Hazard [J]. *Information Systems Research*, 16 (2), pp. 209 – 230.

［16］ Dewally, Michael and Louis Ederington, 2006, Reputation, Certification, Warranties, and Information as Remedies for Seller – Buyer Information Asymmetries: Lessons from the Online Comic Book Market ［J］. *The Journal of Business*, 79 (2), pp. 693 – 729.

［17］ Dewally, Michael and Louis H. Ederington, 2004, *What Attracts Bidders to Online Auctions and What Is Their Incremental Price Impact?*

［18］ Dewan, Sanjeev and Vernon Hsu, 2004, Adverse Selection in Electronic Markets: Evidence from Online Stamp Auctions ［J］. *Journal of Industrial Economics*, 52 (4), pp. 497 – 516.

［19］ Dulaney, E. A. and M. D. Wiese, 2011, Factors Contributing to the Final Selling Price of Auctioned Gift Cards ［J］. *Journal of Internet Commerce*, 10, pp. 163 – 192.

［20］ Easley, Robert F. and Rafael Tenorio, 2004, Jump Bidding Strategies in Internet Auctions ［J］. *Management Science*, 50 (10), pp. 1407 – 1419.

［21］ Easley, Robert F., Charles A. Wood and Sharad Barkataki, 2010, Bidding Patterns, Experience, and Avoiding the Winner's Curse in Online Auctions ［J］. *Journal of Management Information Systems*, 27 (3), pp. 241 – 268.

［22］ Engelberg, Joseph and Jared Williams, 2009, eBay's Proxy Bidding: A License to Shill ［J］. *Journal of Economic Behavior & Organization*, 72 (1), pp. 509 – 526.

［23］ Friedman, Lawrence, 1956, A Competitive – Bidding Strategy ［J］. *Operations Research*, 4 (1), pp. 104 – 112.

［24］ Garratt, Rodney J., Mark Walker and John Wooders, 2011, Behavior in Second – Price Auctions by Highly Experienced eBay Buyers and Sellers ［J］. *Experimental Economics*, 15 (1), pp. 44 – 57.

［25］ Goeree, Jacob K. and Theo Offerman, 2003, Competitive Bidding in Auctions with Private and Common Values ［J］. *The Economic Journal*, 113 (489), pp. 598 – 613.

［26］ Goes, Paulo, Yanbin Tu and Y. Alex Tung, 2013, Seller Heterogeneity in Electronic Marketplaces: A Study of New and Experienced Sellers in eBay ［J］. *Decision Support Systems*, 56, pp. 247 – 258.

［27］ Gonzalez, Raul, Kevin Hasker and Robin C. Sickles, 2009, An Analysis of Strategic Behavior in eBay Auctions ［J］. *The Singapore Economic Review*, 54 (3), pp. 441 – 472.

［28］ Hoppe, T. and A. Sadrieh, 2007, *An Experimental Assessment of Confederate Reserve Price Bids in Online Auctions.*

［29］ Hasker, K. and R. Sickles, 2010, eBay in the Economic Literature: Analysis of an Auction Marketplace ［J］. *Review of Industrial Organization*, 37, pp. 3 – 42.

［30］ Hossain, Tanjim, 2008, Learning by Bidding ［J］. *The RAND Journal of Economics*, 39 (2), pp. 509 – 529.

［31］ Houser, Daniel and John Wooders, 2006, Reputation in Auctions: Theory, and Evidence from eBay ［J］. *Journal of Economics & Management Strategy*, 15 (2), pp. 353 – 369.

［32］ Isaac, R. Mark, Timothy C. Salmon and Arthur Zillante, 2007, A Theory of Jump Bidding in Ascending Auctions ［J］. *Journal of Economic Behavior and Organization*, 62 (1), pp. 144 – 164.

［33］ Jin, Ginger Zhe and Andrew Kato, 2006, Price, Quality, and Reputation: Evidence from an Online Field Experiment ［J］. *The RAND Journal of Economics*, 37 (4), pp. 983 – 1005.

［34］Jones, Matthew T. , 2011, Bidding Fever in eBay Auctions of Amazon. com Gift Certificates ［J］. *Economics Letters*, 113 (1), pp. 5 – 7.

［35］Katkar, Rama and David H. Reiley, 2007, Public versus Secret Reserve Prices in eBay Auctions: Results from a Pokémon Field Experiment ［J］. *The B. E. Journal of Economic Analysis & Policy*, 6 (2).

［36］Kauffman, Robert J. and Charles A. Wood, 2005, The Effects of Shilling on Final Bid Prices in Online Auctions ［J］. *Electronic Commerce Research and Applications*, 4 (1), pp. 21 – 34.

［37］Kim, Y. , 2005, The Effects of Buyer and Product Traits with Seller Reputation on Price Premiums in E – Auction ［J］. *Journal of Computer Information Systems*, 46, pp. 79 – 91.

［38］Klemperer, Paul, 1999, Auction Theory: A Guide to the Literature ［J］. *Journal of Economic Surveys*, 13 (3), pp. 227 – 286.

［39］Kosmopoulou, Georgia and Dakshina G. De Silva, 2007, The Effect of Shill Bidding upon Prices: Experimental Evidence ［J］. *International Journal of Industrial Organization*, 25, pp. 291 – 313.

［40］Kostandini, G. , E. Mykerezi, E. Tanellari and N. M. Dib, 2011, Does Buyer Experience Pay off? Evidence from eBay ［J］. *Review of Industrial Organization*, 39 (3), pp. 253 – 265.

［41］Laffont, Jean – Jacques, 1997, Game Theory and Empirical Economics: The Case of Auction Data ［J］. *European Economic Review*, 41 (1), pp. 1 – 35.

［42］Lewis, Gregory, 2011, Asymmetric Information, Adverse Selection and Online Disclosure: The Case of eBay Motors ［J］. *American Economic Review*, 101 (4), pp. 1535 – 1546.

［43］Livingston, Jeffrey A. , 2005, How Valuable Is a Good Reputation? A Sample Selection Model of Internet Auctions ［J］. *Review of Economics and Statistics*, 87 (3), pp. 453 – 465.

［44］Lucking – Reiley, David, Doug Bryan, Naghi Prasad and Daniel Reeves, 2007, Pennies from eBay: The Determinants of Price in Online Auctions ［J］. *Journal of Industrial Economics*, 55 (2), pp. 223 – 233.

［45］Malmendier, Ulrike and Young Han Lee, 2011, The Bidder's Curse ［J］. *American Economic Review*, 101 (2), pp. 749 – 787.

［46］Milgrom, Paul R and Robert J. Weber, 1982, A Theory of Auctions and Competitive Bidding ［J］. *Econometrica*, 50 (5), pp. 1089.

［47］Myerson, Roger B. , 1981, Optimal Auction Design ［J］. *Mathematics of Operations Research*, 6 (1), pp. 58 – 73.

［48］Onur, Ilke and Malathi Velamuri, 2014, Competition, Endogeneity and the Winning Bid: An Empirical Analysis of eBay Auctions ［J］. *Information Economics and Policy*, 26 (March), pp. 68 – 74.

［49］Popkowski Leszczyc, Peter T. L. , Chun Qiu and Yongfu He, 2009, Empirical Testing of the Reference – Price Effect of Buy – Now Prices in Internet Auctions ［J］. *Journal of Retailing*, 85 (2), pp. 211 – 221.

［50］Pownall, Rachel A. J. and Leonard Wolk, 2013, Bidding Behavior and Experience in Internet Auctions ［J］. *European Economic Review*, 61 (July), pp. 14 – 27.

［51］Przepiorka, Wojtek, 2013, Buyers Pay for and Sellers Invest in a Good Reputation:

More Evidence from eBay [J]. *The Journal of Socio - Economics*, 42 (February), pp. 31 - 42.

[52] Raviv, Y., 2008, The Role of Bidding Process in Price Determination: Jumping Bidding in Sequential English Auctions [J]. *Economic Inquiry*, 46 (3), pp. 325 - 341.

[53] Resnick, Paul, Richard Zeckhauser, John Swanson and Kate Lockwood, 2006, The Value of Reputation on eBay: A Controlled Experiment [J]. *Experimental Economics*, 9 (2), pp. 79 - 101.

[54] Riley, John G. and William F. Samuelson, 1981, Optimal Auctions [J]. *The American Economic Review*, 71 (3), pp. 381 - 392.

[55] Roth, Alvin E. and Axel Ockenfels, 2002, Last - Minute Bidding and the Rules for Ending Second - Price Auctions: Evidence from eBay and Amazon Auctions on the Internet [J]. *American Economic Review*, 92 (4), pp. 1093 - 1103.

[56] Simonsohn, Uri and Dan Ariely, 2008, When Rational Sellers Face Nonrational Buyers: Evidence from Herding on eBay [J]. *Management Science*, 54 (9), pp. 1624 - 1637.

[57] Trautmann, Stefan T. and Christian Traxler, 2010, Reserve Prices as Reference Points - Evidence from Auctions for Football Players at Hattrick. org [J]. *Journal of Economic Psychology*, 31 (2), pp. 230 - 240.

[58] Van Der Heide, Brandon, Benjamin K. Johnson and Mao H. Vang, 2013, The Effects of Product Photographs and Reputation Systems on Consumer Behavior and Product Cost on eBay [J]. *Computers in Human Behavior*, 29 (3), pp. 570 - 576.

[59] Vickrey, William, 1961, Counterspeculation, Auctions, and Competitive Sealed Tenders [J]. *The Journal of Finance*, 16 (1), pp. 8 - 37.

[60] Wang, Dingwei, Xuwang Liu and Lili Liu, 2013, Bid Evaluation Behavior in Online Procurement Auctions Involving Technical and Business Experts [J]. *Electronic Commerce Research and Applications*, 12 (5), pp. 328 - 336.

[61] Winter, L., 2008, Some Evidence on Late Bidding in eBay Auctions [J]. *Economic Inquiry*, 46 (3), pp. 269 - 379.

[62] Ye, Qiang, Min Xu, Melody Kiang, W. Wu and F. Sun, 2013, In - Depth Analysis of the Seller Reputation and Price Premium Relationship: A Comparison between eBay US and TaoBao China [J]. *Journal of Electronic Commerce Research*, 14 (1), pp. 1 - 10.

[63] Zhang, Jie, 2006., The Roles of Players and Reputation: Evidence from eBay Online Auctions [J]. *Decision Support Systems*, 42 (3), pp. 1800 - 1818.

[64] Zhou, Ming, 2012, Reference Price Effect and Its Implications for Decision Making in Online Auctions: An Empirical Study [J]. *Decision Support Systems*, 54 (1), 381 - 389.

[65] 褚荣伟、拱晓波:《网络拍卖市场中成交价格的决定因素研究》,《中大管理研究》2007 年第 1 期。

[66] 高彦彦:《二手产品 B2C 在线拍卖的价格形成机制:基于京东拍卖数据的实证分析》,东南大学经管学院金融系工作论文,2015 年。

[67] 孙丽丽、葛虹、冯玉强:《在线拍卖成交价格影响因素的实证研究——以淘宝网现代翡翠手镯拍卖数据为例》,《信息系统学报》2010 年第 1 期。

[68] 周黎安、张维迎、顾全林、沈懿:《信誉的价值:以网上拍卖交易为例》,《经济研究》2006 年第 12 期。